Rheinisch-Westfälische Akademie der Wissenschaften

Geisteswissenschaften Vorträge · G 239

Herausgegeben von der
Rheinisch-Westfälischen Akademie der Wissenschaften

WILHELM WEBER

Geld, Glaube, Gesellschaft

Westdeutscher Verlag

240. Sitzung am 20. Juni 1979 in Düsseldorf

CIP-Kurztitelaufnahme der Deutschen Bibliothek

Weber, Wilhelm:
Geld, Glaube, Gesellschaft / Wilhelm Weber. – Opladen : Westdeutscher Verlag, 1979.
(Vorträge / Rheinisch-Westfälische Akademie der Wissenschaften : Geisteswiss. ; G 239)
ISBN-13: 978-3-531-07239-5 e-ISBN-13: 978-3-322-85638-8
DOI: 10.1007/978-3-322-85638-8

Gesamtherstellung: Westdeutscher Verlag GmbH

ISSN 0172-2093
ISBN-13: 978-3-531-07239-5

Inhalt

Wilhelm Weber, Münster

Geld, Glaube, Gesellschaft

Einführung

In einer Fußnote zu seinem Buch „Funktion der Religion“ diagnostiziert NIKLAS LUHMANN „Widersprüche zwischen der Logik des Geldes und der Logik des Glaubens“[1]. Allerdings, so scheint es mir, ortet LUHMANN die Widersprüche – er spricht sogar von „gänzlich ungelösten Problemen“ – in einem für ihren Nachweis nicht hinreichend schlüssigen Kontext, nämlich im religiösen Gebot der Nächstenliebe. „Die Rationalität des Umgangs mit Geld beruht auf der Disposition nach individuell verschiedenen Präferenzen und widerspricht der kirchlich verkündeten Religion der Nächstenliebe ...; denn im Geldsystem kann der Geldgeber nur rational handeln, wenn er seine Bedürfnisse mit denen anderer vergleicht und andere Geldquellen mit in Betracht zieht. Knappheit wird durch Geld so hoch aggregiert und so vielen Vergleichsmöglichkeiten ausgesetzt, daß eine Religion, die Geldgeben fordert, *unökonomisches* Verhalten fordern muß“[2].

Ich frage mich, ob hier nicht eine Engführung des Rationalitätsbegriffs in bezug auf das Geld und den Umgang mit ihm vorliegt: Rational = ökonomisch? Rationalität mag es immer nur innerhalb eines abgrenzbaren Referenzrahmens geben. Was aber rechtfertigt oder legt die Vermutung nahe, Geld und der Umgang mit ihm könnte nur in einem einzigen Referenzrahmen exklusiv gesehen werden – nämlich dem der „reinen“ Ökonomie? Die durch den allmählichen Funktionszuwachs des Geldes mit bewirkte Ausdifferenzierung eines Subsystems „Wirtschaft“ mag zwar ausreichen, um systemtheoretische Reflexionen über Geld an diesem Subsystem mit Erfolg durchzuspielen, sie muß aber nicht ausreichen, um seinen grundsätzlichen Zusammenhang mit einem umfassenderen gesellschaftlichen Ganzen in Frage zu stellen. Auf unser Problem zurückgeführt, hieße das: Betrachte ich den Vorgang des Wirtschaftens von der Seite der *ökonomisch rentablen Geldverwertung* her, dann, aber auch nur dann, wäre ein Verschenken von Geld aus purer Nächstenliebe[3] irrational (*weil* unökonomisch). Prüfe ich dagegen den Vorgang des Wirtschaftens an der Präferenzskala *sinnvoller Geldverausgabung für Nutzwerte* unterschiedlicher Art, dann ist nicht einzusehen, wieso eine Verausgabung aus Gründen der Nächstenliebe (als des höchsten „Nutzwerts“ für einen Gläubigen) nicht höchst rational (*obwohl* unökonomisch) sein könnte.

Für den Widerstand aus dem Glauben, aus der Religion gegenüber der Geldwirtschaft halte ich dagegen den Hinweis LUHMANNS auf den Charakter der von ihm so genannten „selbstsubstitutiven Ordnungen" als Ordnungen, die auf Perfektion zielen, für aufschlußreicher. Die Monetarisierung der Wirtschaft sprengt eine metaphysisch-gesellschaftliche Ordnungsvorstellung, die als Ideal, als vollkommen angesehen wurde, weil – über die bekannten Gesellschaftsschemata etwa bei Platon und Aristoteles – auf Gott zulaufend und in ihm sich vollendend. Die Sprengkraft wird zutreffend darin gesehen, daß – noch einmal LUHMANN zitierend – in der bürgerlichen Gesellschaft „eine substitutive Ordnung zu dominieren beginnt, deren Medium und Kriterium nicht mehr als Perfektion begriffen werden kann: die Geldwirtschaft . . .; an die Stelle der Perfektion tritt daher in gleicher Funktion der eigentliche Charakter selbstsubstitutiver Ordnungen: das Prinzip der Entwicklung"[4].

Damit scheint in der bürgerlichen Gesellschaft Kontingenz, Unvollkommenheit unentrinnbar an die Stelle von Absolutheit, Perfektion getreten zu sein. Gelddenken, Geldwirtschaft ist dem Deus perfectus der Metaphysiker diametral entgegengesetzt. Bevor der Widerstand gegen das Geld aus dem christlichen Glauben erfolgte, war er von den Metaphysikern geprobt worden.

Die zweite Wurzel des Widerstands der christlichen Moral gegen das Gelddenken, wie er sich vor allem im Verbot der Zinsnahme für Darlehen manifestierte, nämlich die Verbote des Alten Testaments, wird aus anderen Motiven gespeist.

Damit sind wir von den „Widersprüchen zwischen der Logik des Geldes und der Logik des Glaubens" (LUHMANN) bei den Widersprüchen zwischen der Logik des Geldes und der Logik klassisch-griechischer Gesellschaftsmetaphysik gelandet, womit wir die drei Elemente zur Sache beieinander haben: Geld, Glaube, Gesellschaft.

I. Geld als Gegenstand der Verachtung
(„Kot der Hölle", „Götterdreck")

Entgegen immer noch verbreiteter Meinung gibt es keineswegs nur eine kritische Distanz der christlichen Religion, des Glaubens, der klassischen Metaphysik zur Geldwirtschaft, und erst recht erscheint es als fragwürdig, ob man generell von einer „defizitären Einstellung" des Christentums zum Gelde und zur Geldwirtschaft sprechen kann. Zwar hat das Geld, solange es uns bekannt ist, immer im Bannkreis von Religion und Ethik gestanden. Heute vorrangig als wirtschaftliche Kategorie begriffen, stammt es ursprünglich aus anderen (wahrscheinlich sakralen) Bezirken, aus denen es in einem langen Entwicklungsprozeß in die Wirtschaft vordringt[5]. Allgemein schätzenswerte Gegenstände des Privateigentums (ohne das die Entstehung von Geld nicht denkbar wäre) eignen sich als Tempelgaben (d. h. Kult-Abgaben, als Geschenke an die/eine Gottheit, tatsächlich jedoch eine Zahlung für die medialen Leistungen der Kultdiener), zur prestigesteigernden Hortung des Führers in einer hierarchisch gegliederten Gesellschaft, Hortgegenstände wieder zum Austausch von Geschenken und schließlich zum Tausch überhaupt. Damit werden sie Geld in seiner ursprünglichen Funktion. Die ihm wesentliche Tauschmittlerfunktion setzt seine ursprüngliche Fähigkeit, Wertdarstellungs-, Wertaufbewahrungsmittel und Wertmesser zu sein, notwendig voraus.

Die immer stärkere Funktionalisierung des Geldes in Richtung auf seine Tauschmittlerrolle setzt es einem säkularen Abstraktionsprozeß aus, an dessen Anfang das ungezeichnete (Vieh-Geld; ungemünztes Metall-Geld) bzw. gezeichnete Warengeld (vollwertiges Münz-Geld), an dessen Ende der abstrakte schuldrechtliche Anspruch in Form des Buch- oder Giral-Geldes ohne jede „Verkörperung" steht. Dieser Abstraktionsprozeß, in dem dem Geld immer neue Funktionen zuwachsen, ist von einem parallellaufenden Prozeß gesellschaftlicher Strukturveränderung begleitet, an dessen Anfang eine pimitive Naturaltauschwirtschaft auf kleinstem, überschaubarem Raum und an dessen Ende der internationale Finanzmarkt und die multi- bzw. transnationalen Unternehmungen stehen, die sich selbst für Fachleute der unmittelbaren Anschauung immer mehr entziehen.

Bevor diesen Überlegungen und den sich anschließenden Konsequenzen weiter nachzugehen ist, möchte ich es zunächst einmal bei dem Hinweis bewenden lassen, daß die Menschen von dem Siegeszug des Geldes in der Geschichte zu allen Zeiten zutiefst betroffen waren, betroffen im Sinne der Skepsis, des Mißtrauens, der Angst, der Abwehr. Geld (bzw. Gold und Silber als Geldsubstanzen) erschien ihnen als anrüchig, bis hin zur offenen Verachtung. Dies läßt sich vielfach belegen und hat u. a. seinen anschaulichen Niederschlag in Thomas Morus' „Utopia" gefunden, jenem gesellschaftskritischen Roman an der Wende von der mittelalterlichen Feudalgesellschaft zur Frühzeit der bürgerlichen Gesellschaft, die sich wesentlich dem Siegeszug des Geldes in der Form von „Kapital" verdankt.

Im Bericht des Raphael Hythlodeus über die Verfassung der Insel „Utopia" lassen sich Thomas Morus und sein Freund Petrus Aegidius belehren, daß die Einstellung der Utopier zu Geld und Geldeswert und zum Gold von einer milden, aber deutlichen Verachtung gekennzeichnet sei. Zwar besitzen sie Gold, sogar im Überfluß, aber es ist in ihren Tresoren verwahrt und dient nur von Fall zu Fall für Zwecke des reinen Bedarfshandels mit der Außenwelt, nicht zu Erwerbszwecken und zur Hortung von Reichtümern (z. B. zum Erwerb von Bedarfsgütern, die in „Utopia", etwa wegen des Klimas, nicht hergestellt werden können – zur Anwerbung fremder Söldner, um die eigene Bevölkerung zu schonen). Binnenhandel gibt es in „Utopia" nicht, die Wirtschaft ist entmonetarisiert. Die Idee, Gold aus Erwerbsgründen zu horten, wertvollen Schmuck daraus zu fertigen, wird von ihnen verworfen. Sie wollen sich nicht an Geld und Gold binden. „Um dem zu begegnen", so berichtet Hythlodeus weiter, „haben sie ein Mittel ausgedacht, das ihren sonstigen Einrichtungen ebenso entspricht, wie es uns, die wir das Gold so hoch schätzen und so sorgfältig verwahren, unverständlich und daher nur erfahrenen Leuten glaubhaft erscheint. Während sie nämlich aus zwar sehr geschmackvollen, aber billigen Ton- und Glasgeschirren essen und trinken, stellen sie aus Gold und Silber nicht nur für die Gemeinschaftsräume, sondern auch für die Privathäuser allerorts Nachtgeschirre und lauter Gefäße für schmutzigste Zwecke her. Zudem werden die Ketten und schweren Fußfesseln, in die sie die Sklaven schließen, aus denselben Metallen geschmiedet. Schließlich tragen alle, die irgendein Verbrechen ehrlos gemacht hat, goldene Ringe an den Ohren, Goldringe an den Fingern, Goldketten um den Hals, und sogar um den Kopf haben sie einen goldenen Reif. So sorgen sie auf jede Art und Weise dafür, daß Gold und Silber bei ihnen in Verruf stehen"[6]. – Gold als Mittel der Stigmatisierung!

Es ist unverkennbar, daß Geld, Gold und Silber den Stempel des Überflüssigen, des Nutzlosen, ja des Lächerlichen tragen[7].

Nun könnte der Einwand kommen, Morus sei Christ gewesen und lehne von daher das Geld und das Erwerbsstreben ab. Dem wäre zu entgegnen, daß Morus die Utopier nicht als Christen, sondern, theologisch gesprochen, als ein Volk im „Naturzustand" (d. h. ohne übernatürliche Gnadenaustattung) darstellt. Außerdem lehnt er sich engstens an Platons Alterswerk „Nomoi" (die Gesetze) an, auf das er direkt Bezug nimmt.

Mehr als blumige Phantasie des Morus darf man hinter dem Hinweis sehen, daß die Utopier aus Gold und Silber „Nachtgeschirre und lauter Gefäße für schmutzigste Zwecke" herstellen. Hiermit soll offensichtlich die höchste Verachtung für Gold und Silber ausgedrückt werden. Es dürfte weniger bekannt sein, daß es seit Sigmund Freuds kurzem Aufsatz „Charakter und Analerotik"[8] eine Fülle psychoanalytischer Literatur zum Geldproblem gibt[9], in der Gold und Geld mit Exkrementen von Menschen und Göttern und der Vorgang des Gold-(Geld-)Hortens bzw. ihre Verausgabung mit Defäkationsvorgängen in Verbindung gebracht werden.

Ich bin nicht in der Lage, die Stichhaltigkeit oder Plausibilität psychoanalytischer Verbindungen von Gold bzw. Geld mit menschlichen Faeces, die Verbindung von Geiz mit Koprophilie und ähnliche degoutante Reflexionen solcher Art fachlich zu beurteilen. Unmittelbar einleuchtend ist dagegen die Verbindung von Gold bzw. Silber mit Faeces in der Fabrikation von Nachtgeschirren aus eben den beiden Metallen bei den Utopiern, worüber uns Thomas Morus berichtet hat. SIGMUND FREUD weist in seinem genannten Aufsatz darauf hin, daß in Altbabylon Gold als „Kot der Hölle“ *(ilu manman)* bezeichnet worden sei[10]. Und THEODOR REIK berichtet, daß die Azteken, 1519 von Hernán Cortez entdeckt, das Geld *Teocuitla,* zu deutsch „Götterdreck“, nannten; und so heißt es bei den Azteken in Mexiko noch heute[11]. Wer schon einmal die schöne Kaiserworth in Goslar eingehender betrachtet hat, dem kann kaum der „Dukatenscheißer“ entgangen sein; und daß der Teufel es mit den Reichen hält, indem er „immer auf den größten Haufen (macht)“ weiß der Volksmund.

Man könnte noch manche Beispiele dieser Art anführen, die den unappetitlichen Zusammenhang bestätigen, in dem Gold und Geld gesehen wurden und werden[12]. Wie immer man aber auch die Deutungen der Psychoanalyse im einzelnen beurteilen mag, es dürfte sich bei der verbalen Verachtung, die Gold und Geld in den erwähnten Wortspielen („Götterdreck“, „Kot der Hölle“) zuteil wird, um Eruptionen seelischer Art handeln, die auf Tiefenschichten im Menschen hinweisen, in denen sein Verhältnis zum Geld, zum Gold, zum Besitz, zum Besitzenwollen schlechthin unaufgelöste Störungen im seelischen Haushalt signalisiert.

Wie weit ein Schuß Magie mit im Spiel sein könnte, wie weit die verbalen Kraftausdrücke der Verachtung gegenüber Gold und Geld als magische Beschwörungsformeln im Dienste von Schaden- und Abwehrzauber zu deuten wären, das sei vorläufig erst einmal dahingestellt. Ich werde dazu später noch einiges sagen.

II. Geldwirtschaft als „Entartung“ der Gesellschaft

Die säkulare Verdächtigung der Geldwirtschaft bis zu ihrer offenen Bekämpfung läßt zwei idealtypische Argumentationsstränge erkennen:

- Geldwirtschaft zerstört die „natürliche“ Welt des Menschen;
- Geldwirtschaft geht fast immer mit Ungerechtigkeit einher.

Beide Erscheinungen werden in engem Zusammenhang miteinander gesehen.

1. Geldwirtschaft zerstört die „natürliche" Umwelt des Menschen

Die immer stärkere Ausbildung der Geldfunktionen und die damit gegebene Funktionalisierung des gesamten Wirtschaftslebens drängen mit Notwendigkeit dahin, „die Beziehungen zwischen den hier mitwirkenden Menschen auf der Grundlage der persönlichen Unabhängigkeit und Freiheit rechtlich klar zu ordnen. Eine solche rechtliche Ordnung ist die notwendige Ergänzung des Strebens, die arbeitsteilig verbundenen Leistungen in abgezogenen Recheneinheiten objektiv zu messen"[13].

Ist aber eine ausgebildete Geldfunktion gleichzeitig Bedingung und Folge einer dynamischen, arbeitsteiligen, marktwirtschaftlichen, die Einzelwirtschafter in rechtliche Freiheit entlassenden Wirtschaftsverfassung, dann müßte auch der Umkehrschluß möglich sein, „daß persönliche Abhängigkeiten von der Hörigkeit bis zur Sklaverei unvermeidliche Begleiterscheinungen einer Wirtschaft mit unentwickelter Geldfunktion sind"[14]. Unter dieser letzten Rücksicht gewänne die erstaunlich unfreundliche Haltung des Aristoteles und seines Lehrers Platon gegenüber dem Gelddenken und dem Gelderwerb durch Handel und Geldleihe (Darlehen) bis hinauf in die Kanonistik und späte Scholastik einen interessanten Akzent. WILHELM GERLOFF meint, Aristoteles müsse als der erste große abendländische Denker bezeichnet werden, der die enorme gesellschaftliche Rolle des Geldes in klarer Weise erkannt habe. „Die Einführung des Geldes, so ungefähr ist der Gedankengang, verdrängt die Haushaltskunst oder Ökonomie, die der Natur gemäß ist und setzt an ihre Stelle die Erwerbskunst, die nur einen Weg des Erwerbs kennt, den gewinnbringenden Warenumsatz."[15] Die krämerhafte Erwerbskunst hat die hauswirtschaftliche Erwerbskunst angesteckt, und so untergräbt die um sich greifende Chrematistik auch die politischen Tugenden und gefährdet damit gleichermaßen Volk und Staat. Die krämerhafte Erwerbskunst erweist ihre „Unnatürlichkeit" ganz besonders in der mit ihr verbundenen gewerbsmäßigen Geldleihe. „Und aus diesem Grunde ist mit vollstem Recht das Wucherhandwerk verhaßt, weil hier aus dem Gelde selbst Erwerb gezogen und dasselbe seiner Bestimmung, als Mittel, entfremdet wird. Denn es ward zur Erleichterung des Warenumsatzes erfunden, der Zins aber vermehrt es, woher auch dieser seine Benennung erhalten hat (nämlich *τόκος* = Junges Kind); denn die Kinder schlagen den Eltern nach, sind selbst das was jene, und der Zins ist Geld vom Gelde und daher auch dieser Erwerbszweig im höchsten Grade unnatürlich (*παρὰ φύσιν*)"[16].

Nicht das Geld als solches, dessen Notwendigkeit und Bedeutung für den warenwirtschaftlichen Verkehr Aristoteles erkannt und anerkannt hatte, sondern das Aufkommen einer die ganze Gesellschaft immer mehr prägenden

Geldgesinnung war Zielscheibe der aristotelischen Kritik. Man kann den Scharfsinn des Stagiriten kaum genug bewundern, mit dem er nicht nur die integrierende (auf den überschaubaren kleinen Produzentenmarkt bezogene), sondern auch die gerade für eine von ihm als „natürlich" empfundene Gesellschaftsform zerstörende und auflösende Kraft der Geldfunktion (wenn dieses selbst zum Erwerbsmittel wird oder, modern ausgedrückt: wenn aus Geld „Kapital" wird) erkannt hatte. Die dem traditionsbefrachteten Denken einer ständisch gegliederten Gesellschaftsverfassung diametral entgegengesetzte traditionslose und dynamische, auf der ständigen Selbstverwertung von Geld-Kapital aufbauende Wirtschaftsgesinnung mußte als Fremdkörper, eben als „unnatürlich" empfunden werden. So hat Aristoteles mit seiner eifernden Kritik am Gelddenken seiner Zeit, an der Chrematistik, für mehr als zwei Jahrtausende ein Verdikt über einen Berufsstand verhängt, der es in der Folgezeit, übrigens im Kern immer mit derselben Argumentation, immer wieder zu spüren bekam, nämlich über den Kaufmannsstand, modern ausgedrückt: Über den Unternehmer. – Der Unternehmer, der Bankier, als Zerstörer einer „natürlichen" Gesellschaftsordnung: Das ist das Fazit der aristotelischen wirtschaftsethisch argumentierenden Entartungstheorie.

In dieser Sicht, die – ich werde in späteren Zusammenhängen wieder darauf zurückkommen – keineswegs der ökonomischen Dogmengeschichte abschließend zuzuordnen ist, erscheint die Wirtschaft als Verbindung der Menschen untereinander und mit der Natur. Je unmittelbarer und klarer diese Zusammenhänge blieben, je deutlicher sie vor allem unmittelbare wirtschaftliche Beziehungen der Menschen untereinander zum Ausdruck brachten, um so „natürlicher", „vernünftiger", „gerechter" erschienen sie. Wollte man hier die marxistische Terminologie zur Anwendung bringen, so könnte man von einer Wirtschaft sprechen, in der die einfache Warenproduktion und -zirkulation (W ↔ W) herrscht.

In einer solchen Wirtschaft hat das Geld eine zugleich notwendige und beschränkte Funktion, in der es voll gebilligt wird. Es tritt lediglich als Vermittler eines „natürlichen" Tauschvorganges zwischen zwei Gebrauchswerte in Warenform (W ↔ G ↔ W). Erst wenn das Geld beginnt, eine eigenständige, von der reinen Tauschfunktion abgelöste, auf seine eigene Selbstverwertung und Vermehrung gerichtete Funktion auszuüben, (G → W → G′ im gewerbsmäßigen Handel; G → G′ im gewerbsmäßigen Bankgeschäft)[17], wird es zum „naturwidrigen" Kapital. Hier wird es verurteilt. In diesem Sinne darf man Aristoteles als den typischen Vertreter der einfachen Warenwirtschaft im vorkapitalistischen Feld bezeichnen. Nur sie ist „natürlich", „gut", „vernünftig".

Die These von der „Unnatürlichkeit" des Gelderwerbsstrebens, besonders in der Form der okkasionellen oder gewerbsmäßigen Geldleihe (Darlehen), wurde im kirchlichen Raum übernommen. In seiner Predigt „Wider die Wucherer“ (Psalm 14,5)[18] drückt sich Basilius d. Gr. (gest. 379) besonders phantasiereich und anschaulich aus, indem er, den griechischen Ausdruck für Zins (τόκος, Junges, Kind) zum Anlaß nehmend, sich wie folgt vernehmen läßt: „Warum hältst Du es mit dem fruchtbaren Wild? Die Hasen, sagt man ja, bringen Junge zur Welt, ziehen gleichzeitig andere auf und werden schon wieder geschwängert[19]. So wird auch von den Wucherern das Geld gleichzeitig auf Zinsen angelegt und wird fruchtbar und wächst nach ... Deshalb wird auch diese Art von Bereicherung mit dieser Bezeichnung (τόκος) gebrandmarkt. τόκος (= Geburt, Zins) wird sie m. E. genannt wegen der besonderen Fruchtbarkeit des Übels. Weshalb denn sonst? Oder heißt sie τόκος wegen der Wehen und Schmerzen, die sie den Herzen der Entlehnenden verursacht? Denn was die Geburtswehen für die Gebärende, das ist der Zinstermin für den Schuldner. Zinseszins ist eine böse Ausgeburt schlimmer Eltern. Diese Ausgeburten des Wuchers soll man füglich Natterngezücht nennen. Die Nattern sollen bei der Geburt den Mutterleib zernagen[20]. Auch die Zinsen werden geboren, indem sie die Häuser der Schuldner verzehren. Die Samen wachsen mit der Zeit, die Tiere bringen nach einer gewissen Zeit die Jungen zur Welt; der Zins aber, heute geboren, fängt schon heute an zu gebären. Die Lebewesen, die bald gebären, hören auch bald wieder auf zu gebären; allein das Geld, das sobald anfängt sich zu mehren, erhält immer neuen, noch größeren Zuwachs. Jedes Gewächs, das seine natürliche Größe erreicht hat, hört auf zu wachsen; das Geld der Geizigen aber mehrt sich zu aller Zeit. Die Tiere, die ihrer Brut die Kraft, zu gebären, weitergegeben haben, tragen selber nicht mehr; beim Geld der Wucherer aber gebiert der Zuwachs und verjüngt sich das Alte. Mögest wenigstens Du mit diesem unnatürlichen Tier nicht Deine Erfahrung machen!“[21]

Was immer es mit den zoologischen Kenntnissen des hl. Basilius auf sich haben mag, das „unnatürliche Tier“ (der Zins) weist darauf hin, daß eine solche Art des Wirtschaftens als widernatürlich, als absurd angesehen wurde.

Im Christentum tritt das positive Zinsverbot des Alten Testaments, vielfach ausgesprochen[22], hinzu und die spezifisch christliche Moralisierung des Problems unter dem Begriff der Sünde. Zinsnahme = widernatürlich = gegen Gottes positives Verbot = Sünde. Dies ist die christliche Argumentationskette bis in die beginnende Neuzeit hinauf. Sie schlägt auch noch voll durch bei Martin Luther[23].

Exkurs: Geldwirtschaft und Magie?

Eine Wirtschaft mit voll ausgebildeter Geldfunktion ist, auf einen knappen Nenner gebracht, gekennzeichnet durch eine expansive Produktion von Waren und Dienstleistungen für einen anonymen Markt zum primären Zwecke der Gewinnerzielung und durch eine parallel laufende expansive Finanzierung des Produktionsprozesses auf dem Wege der „Geldschöpfung aus dem Nichts" durch das Bankensystem. Das Resultat ist wachsender Konsum in den Haushalten bei noch stärker expandierendem Sachkapital (= Kapitalzuwachs bei den Unternehmen bzw. Produktionsstätten). Schematisch ließe sich das so darstellen:

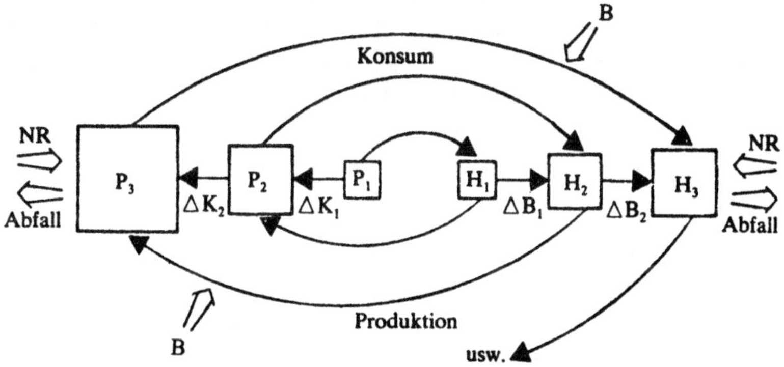

P = Betriebe (Produktionsstätten); H = Haushalte (Konsumstätten); ΔK = Kapitalzuwachs; ΔB = Bevölkerungszuwachs; NR = Natürliche Ressourcen; B = Bankensystem.

„Die ‚ökonomische Spirale': Der Wechsel von Konsum- und Produktionsprozeß erfolgt heute nicht mehr im Sinne einer bloßen Wiederholung, sondern im Sinne einer Expansion, d. h. unter ständiger Ausweitung des Konsum- und Investitionsstroms (Realeinkommenserhöhung, Netto-Investitionen) einerseits, des Produktionsstroms andererseits. Sofern man überhaupt noch von Wiederholung des Wirtschaftsprozesses im Zeitverlauf sprechen kann, so nur im Zusammenhang mit einer quantitativen Steigerung. An die Stelle eines Kreislaufs tritt somit eine Spirale: das Ende eines Umlaufs führt nicht mehr an den Anfang desselben zurück. Der Bogen wird immer größer. Gleichzeitig wächst sowohl das ökonomische Kapital ($P_3 > P_2 > P_1$) als auch die Bevölkerungszahl ($H_3 > H_2 > H_1$). Die Spirale ist asymmetrisch, weil in den entwickelten Ländern der Kapitalzuwachs stärker ist als der Bevölkerungszuwachs. Dank der mit der Kapitalerhöhung verbundenen Produktionssteigerung kann somit auch der Konsum pro Kopf der Bevölkerung ansteigen. Außerdem wächst der Verbrauch an Natur, sowohl im Sinne des Verzehrs von natürlichen Ressourcen als auch als Beanspruchung der natürlichen Lebensgrundlagen, während diese gleichzeitig durch die Abfälle beeinträchtigt bzw. zerstört werden"[24]. Als „Schmiermittel" des Prozesses fungiert das Geld in der Form von Kredit, der den Haushalten als Konsumentenkredit und den

Unternehmen als Investitionskredit vom Bankensystem zur Verfügung gestellt wird.

Die zentrale Figur, die diesen Prozeß in einer privatrechtlich organisierten Wirtschaft in Gang bringt und in Gang hält, ist der Unternehmer, als Produzent, als Handels- und Bankkaufmann.

Nun ist auffällig, daß kein Gruppenstereotyp im Laufe der Geschichte bis auf den heutigen Tag so konstant als Negativsymbol geprägt worden ist wie „der Unternehmer", in früheren Zeiten der „Kaufmann", in späteren Zeiten „der Kapitalist". Eine genauere Analyse dieses merkwürdigen Phänomens dürfte vermutlich zutage fördern, daß man dem eigentlichen Problem der säkularen Unternehmerfeindlichkeit ohne einen Vorstoß in anthropologische Tiefenschichten wohl kaum jemals befriedigend wird beikommen können[25]. Ein – nicht zufälliger – Parallelfall in der Geschichte scheint nur noch beim Antijudaismus vorzuliegen, dessen Variante der ökonomisch argumentierenden Judenfeindschaft auffällige Parallelen zur Unternehmerfeindlichkeit aufweist[26].

Es drängt sich die Frage auf, ob gegenüber dem Unternehmer nicht magische Vorstellungen eine Rolle spielen.

Nun mag es auf den ersten Blick etwas merkwürdig und weither geholt erscheinen, eine für die moderne durchrationalisierte Gesellschaft so typische Figur wie die des Unternehmers mit Magie oder magischem Bewußtsein in Verbindung zu bringen. Und doch entbehrt es mindestens nicht einer gewissen Plausibilität, Relikte magischen Denkens auch noch in der Unternehmerfeindlichkeit und allgemeiner in der Wirtschaftsfeindlichkeit gewisser Kreise unserer Gegenwart zu entdecken, ganz zu schweigen von der Vergangenheit.

Wie immer man das „magische Weltbild" im einzelnen deuten mag[27], es scheint ihm eigentümlich zu sein eine relativ einfache Struktur von menschlichen Beziehungen untereinander und – korrespondierend damit – eine relativ leichte Überschaubarkeit dieser Strukturen. Die Beziehungen sind unmittelbar, zur Natur wie zum Nachbarn. Störungen, Bedrohungen dieser Ordnung erzeugen im einfachen magischen Weltbild, da kausal-rationale Erklärungen (noch) nicht zuhanden sind, einen kognitiven Streß. Das Individuum oder ein Kollektiv von Individuen tut das, was man in solchen Situationen zu tun pflegt, es versucht diesen kognitiven Streß zu reduzieren. Das geschieht am sinnvollsten durch Vereinfachung, durch Reduktion von Komplexität. Hier bietet sich auf bestimmten Stufen der Entwicklung Magie als Mittel der Reduktion an. In komplexen Gesellschaften mag an die Stelle der Magie die Ideologie treten.

Auf die Wirtschaft übertragen, entspräche dem einfachen Weltbild, in dem Magie sich entfalten könnte, eine Art des Erwerbs, in der die Hauptsache der gesamten wirtschaftlichen Tätigkeit die konkret auf die Aneignung der Natur gerichtete menschliche Arbeit und das von ihr hervorgebrachte Produkt in Form eines konkret-anschaulichen Gebrauchswertes bilden. Mit einem solchen Weltbild wäre der kleine, überschaubare Warenhandel noch gerade vereinbar, wie das auch bei Platon und Aristoteles gesehen wird, aber schon der Fernhandel, der dieses einfache Modell sprengt, steht unter Verdacht und Verdikt[28].

Unter den verschiedenen Wurzeln magischen Bewußtseins scheint eine der gesellschaftlich wirksamsten das Mißtrauen gegenüber Menschen zu sein, die eine „natürliche" oder „geheiligte" Ordnung aus den Fugen bringen, indem sie Neuerungen, vor allem auch im Sinne wirtschaftlicher Innovationen, einführen. „Das Festhalten an vererbten Lebensformen ist eng verbunden mit der Angst vor magischen Nachteilen, die bei einer Veränderung auftreten könnten"[29].

Nun gilt der „Unternehmer" als einer der kreativen Typen in der Menschheit schlechthin, der alte Ordnungen „entzaubert", indem er Neuerungen, d. h. aber Veränderungen durchsetzt (vor allem der SCHUMPETERsche „Pionierunternehmer" als Prototyp des Unternehmers). Kein Wunder, wenn ihm seit alters Mißtrauen begegnet, wenn ihm böse, zerstörerische Kräfte zugeordnet werden, die ans Magische grenzen.

Fugenlos paßt jedenfalls in diesen Zusammenhang FRITZ REDLICHS Wort vom Unternehmer als „dämonischer" Figur[30]. REDLICH fühlte sich hierzu angeregt durch PAUL TILLICH, der als Spezifikum des „Dämonischen" die Macht der Zerstörung in engster Verbindung mit dem Schöpferischen sieht. Nun aber tritt die Zerstörung und Schöpfung oder gar, fast paradoxerweise, Schöpfung *durch* Zerstörung (JOSEPH A. SCHUMPETER spricht geradezu von „schöpferischer Zerstörung") nirgendwo so klar und eindeutig zutage wie im Wirtschaftlichen, speziell in der unternehmerischen Wirtschaft. „Eine korrekte Geschichte und Analyse des Unternehmertums muß sowohl seinen schöpferischen als auch seinen destruktiven Aspekt ans Licht ziehen. Dazu ist PAUL TILLICHS Begriff des ‚Dämonischen'[31] hervorragend geeignet."[32]

In welchem Maße materieller Erfolg, wirtschaftliche Führungsqualitäten, die auf Talent, Initiativkraft, Innovationsgeist beruhen, bei der Eingeborenenbevölkerung in Entwicklungsländern mit magischen Vorstellungen verknüpft und neidisch beargwöhnt werden, das bestätigen inzwischen zahlreiche Studien[33].

Die uns interessierende Frage lautet, ob auch hier und heute noch Relikte magischen Denkens in der teilweise als irrational und emotional erscheinenden Unternehmerfeindlichkeit am Werke sind. Allerdings muß man sehen, daß auch die Magie in unseren Breiten einem Säkularisierungsprozeß unterlegen ist, und leicht könnte daher jemand auf den Gedanken kommen, magisches Denken liege ihm völlig fern, obwohl es bei ihm vielleicht nur eine säkularisierte Form angenommen hat.

Magisches Bewußtsein hat verschiedene Wurzeln. Eine der wichtigsten ist Unwissenheit bzw. Halbwissen. Unwissenheit und Halbwissen provozieren eine Auffüllung des Informationsvakuums mit irrationalen Vorstellungen magischen oder quasi-magischen Charakters. LARS CLAUSEN deutet diesen Vorgang so: „Man kann diese Auffüllung der unbekannten Welt mit magischen Großmächten als ‚Sekundäre Magisierung' bezeichnen."[34] Die Entwicklung „universal-magischer Vermutungen" ist als ein Versuch der Stabilisierung in einer unbekannten oder nur wenig bekannten Umwelt, als eine „magische ‚Reduktion von Komplexität'"[35] zu begreifen.

Auf die Produktion von Irrationalität in hochkomplexen gesellschaftlichen Zusammenhängen hat HANS FREYER hingewiesen: „Die einfache Tatsache, daß jeder in Kreisläufe eingestellt ist, die er nicht übersehen kann, die ihn aber vital betreffen, muß die Folge haben, daß er beständig verführt, ja gezwungen ist, Urteile zu fällen und, was noch schlimmer ist, Gefühle und Gesinnungen zu hegen gegenüber Realitäten, die seine intellektuelle und affektive Sphäre bei weitem übersteigen und die durch konkrete Erfahrung gar nicht verifizierbar sind ... Es ist eine fatale Dialektik, daß Systeme, die als solche hoch rationalisiert sind, eine konkrete Vernünftigkeit im einzelnen Menschen gerade nicht erzeugen, sondern verhindern"[36].

Bei mangelndem Informationsfluß zwischen sozialen Gruppen findet sich oft magische Zuschreibung, vor allem von „Macht", dem magischen Fetisch per excellence. Zu denken wäre etwa an Anwürfe des Priester- und Herrenbetrugs oder, moderner ausgedrückt, an Tücken des „Establishments"[37]. Rudimente überalterten Klassenbewußtseins tragen vielfach magische Züge. Mit deutlicher und überzeugender Anspielung auf die Art der Austragung von Konflikten in unserer gegenwärtigen Gesellschaft bemerkt CLAUSEN: „Rationalität kann in einer Gesellschaft so verbreitet sein, wie sie will – solange soziale Konflikte Opfer der beiden Seiten zugunsten einer ‚rationalen' Entscheidung verlangen, wird die Produktion korrigierender magischer Meinungsbilder von Kausalität naheliegen und wahrscheinlich auch rational rätlich sein. Dann werfen sich beide Seiten taktisch und gläubig ‚Ungewaschenheit' oder ‚Muff' vor. Auch unsere Industriegesellschaft wird also Magie immer neu kreieren – wenngleich unter wechselnden Namen"[38].

Daß gerade das moderne Wirtschaftsleben, die enorme Komplexität einer hochgradig arbeitsteiligen Marktwirtschaft einer „sekundären Magisierung" besondere Angriffsflächen bietet, dürfte einleuchten. „Es gibt ... kaum einen anderen Lebensbereich, in dem die breite Öffentlichkeit einerseits so wenig

Einsicht in Zusammenhänge und Gesetzmäßigkeit hat, andererseits aber so unbefangen mitredet"[39].

Es ist eine Signatur magischen Denkens auch im Gewande der säkularisierten oder „sekundären" Magie, daß eine Entmagisierung des Denkens außerordentlich schwierig ist. „Der magische Mensch ist vom Dunkel des Geheimnisses fasziniert. Es bereitet ihm Schmerz, wenn eine mysteriöse Erscheinung als natürlicher Vorgang aufgewiesen wird"[40]. Immer wieder kann man erleben, daß Menschen verärgert reagieren, wenn man versucht, bestimmte Erscheinungsformen des wirtschaftlichen Lebens unter die einfachen Regeln des kleinen Einmaleins zu subsumieren.

Auf einem Kolloquium der Walter-Raymond-Stiftung vom 6.–8. Mai 1971 hat OTTO B. ROEGELE in einem Diskussionsbeitrag treffend auf den Widerstand hingewiesen, den viele Menschen, gerade auch Intellektuelle, mehr gefühls- als vernunftmäßig solchen Lebensbereichen entgegenbringen, in denen die Gesetze der Grundrechenarten von Addition und Subtraktion gelten. Daß sich dieser Widerstand heute verbal in marxistisch-sozialistische Formeln kleidet, ist von der Logik her unbedeutend. „Wir müssen uns ein wenig von der Vorstellung lösen, es ginge hier um die Notwendigkeit, die klassische Argumentation von Sozialismus und Kommunismus zu widerlegen ... es geht um etwas viel Fundamentaleres; es geht erstens um das, was hier Leistungsgesellschaft genannt wurde, und es geht zweitens um die Argumentation gegen alle Lebensbereiche, in denen nachprüfbare Gesetze gelten. Darum befehdet man auch die Wirtschaft als etwas so Entsetzliches, weil man hier Gesetze hat, gegen die man auch mit der schönsten Ideologie, mit dem herrlichsten Wunschdenken und mit den aus der tiefsten Triebseele kommenden Vorstellungen nicht durchkommt. Da gibt es am Schluß eine Bilanz mit Zahlen, und die sind rot oder schwarz. Deshalb wendet sich sozusagen der ‚ganze Mensch' gegen diesen Lebensbereich"[41].

Kaum eine andere Sozialgestalt hat sich im Laufe der Geschichte bis auf den heutigen Tag besser für magische und dämonische Verdächtigungen angeboten als der Händler, der Kaufmann, vor allem der neuzeitliche Unternehmer, der die bukolische Idylle lyrisch gestimmter romantischer Vorstellungen vom „einfachen Leben" in einer kleinen heilen Welt durch seine innovatorischen Initiativen, durch seine „schöpferische Zerstörung" immer wieder in Frage stellt. Und es besteht unter dem Eindruck zunehmender „sekundärer Magisierung" in unserer Gesellschaft wenig Aussicht, daß sich daran sobald etwas ändern könnte.

2. *Geldwirtschaft geht fast immer mit Ungerechtigkeit einher*

Der zweite idealtypische Argumentationsstrang gegen die Geldwirtschaft lautet: Sie geht fast immer mit Ungerechtigkeit einher.

Eine Wirtschaft mit ausgebildeter Geldfunktion[42] verstößt speziell gegen die Tauschgerechtigkeit *(justitia commutativa)*, da sie das Prinzip der *aequivalentia inter datum et acceptum* verletzt.

Thesenartig lautet die Argumentation wie folgt:

- Geld ist unfruchtbar, eine *res fungibilis,* sein Gebrauch besteht im Verbrauch;
- bei einer Überlassung von Geld auf dem Darlehenswege gilt der Rechtsgrundsatz: *Res fructificat domino:* „Wer den Garten weggegeben hat, kann nicht mehr drinnen Gras holen".

Wer also mit dem Geld bzw. der Geldleihe Gewinn machen will, macht sich des Wuchers schuldig, da er aus einer unfruchtbaren Sache, dazu noch in der Verfügung eines anderen, Profit schlagen will.

Die erste These ist ökonomischer, die zweite juristischer Natur.

Die ökonomische These von der „Unfruchtbarkeit des Geldes", schon auf Aristoteles zurückgehend, wurde immer wieder kritisiert und milde belächelt als Ausdruck mangelnder Einsicht in wirtschaftliche Zusammenhänge. Dabei wurde übersehen, daß dieselbe These bei so modernen Nationalökonomen wie LUDWIG VON MISES[43] und KNUT WICKSELL begegnet[44], die dem Geld erst dann „Fruchtbarkeit" zusprechen, wenn es die Funktion von „Kapital" annimmt.

Genau diese Einsicht aber finden wir zunehmend seit dem Aufkommen des frühen Handelskapitalismus des dreizehnten und vierzehnten Jahrhunderts auch im theologischen Raum bestätigt. Erzbischof Antonin von Florenz (gest. 1459) ein bedeutender Moraltheologe seiner Zeit, hat m. W. erstmals in der Geschichte der Moraltheologie expressis verbis die „Kapitalfunktion" des Geldes und die Bedeutung des Kapitalumschlags auf dem Wege immer wieder erneuerter „Reinvestition" angesprochen. Vom Kaufmann gilt nach Antonin, daß „sein Geld die Eigenschaft (Funktion) von Kapital" hat[45], und daß er folglich bei Einräumung eines Zahlungsziels einen Preisaufschlag (also Zins für die kreditierte Kaufsumme) nehmen darf[46]. Für den Spanier Luis de Molina (gest. 1600) ist das Geld, das in einem Betrieb investiert ist, *instrumentum lucri persistens,* ein Instrument dauernden Profits[47].

Damit war die ökonomische These von der Unfruchtbarkeit des Geldes in ihrem ursprünglichen Sinne relativiert, indem sie für Geld in seiner Kapitalfunktion zurückgenommen worden war. Ein kaufmännischer bzw. unternehmerischer „Mehrwert", um mit KARL MARX zu sprechen, war damit gerechtfertigt. Diese Einsicht entsprach der wirtschaftlichen Situation des sich entwickelnden Handelskapitalismus.

Für einen Darlehens- bzw. Kreditgeber dagegen, der nicht Kaufmann war, stand einer Zinsnahme die juristische These *Res fructificat domino* im Wege. Diesem Hindernis konnte daher grundsätzlich auch nur mit juristischen Mitteln begegnet werden, wobei die Veranschlagung der sog. externen Zinstitel des *damnum emergens* und besonders des *lucrum cessans* eine zunehmende Rolle spielte.

Es war also nicht mangelnde Einsicht in die sich entwickelnde wirtschaftliche Realität als solche, die im kirchlichen Raum lange daran hinderte, in der Darlehenshingabe eine „ökonomische Dienstleistung" (Heinrich Pesch) des Darlehensgebers zu sehen und daraus einen Zins zu rechtfertigen, sondern ein formaljuristisches Hindernis. Da die führenden Moraltheologen aber schon frühzeitig trotz dieser „Sichtbehinderung" sehr wohl durch die juristische Hülle zur wirtschaftlichen Realität durchzustoßen vermochten, blieb ihnen vorerst keine andere Möglichkeit, der Entwicklung Rechnung zu tragen, als die alten traditionellen Zinstitel – besonders den des *lucrum cessans* – immer breiter auszuwalzen und in Anschlag zu bringen.

Daß jeweils der Darlehens*geber* den Nachweis eines lucrum cessans in jedem einzelnen Falle zu führen hatte, daß also die von ihm unabhängigen Investitionschancen, sei es beim Darlehensnehmer, sei es generell in der ihn umgebenden Wirtschaftsgesellschaft, für die Rechtfertigung eines Zinses nicht ausreichen sollten, war im Grunde eine Spitzfindigkeit, durch eine bestimmte Rechtsfigur verursacht, die sich noch lange für die Moraltheologen als lästige Fessel erweisen sollte. Das beeinträchtigte jedoch keineswegs die sachkundige Einsicht in die zugrunde liegenden realwirtschaftlichen Vorgänge. Wichtig bleibt, daß ein Nominalzins immer nur in Verbindung mit einer Realverzinsung des Darlehens gesehen wurde. Ein bloßer Geldzins ohne korrespondierende Realverzinsung wurde als „ungerecht" abgelehnt.

Erst seit ein paar Jahrzehnten, allerdings kaum von einer breiteren Fachwelt, geschweige denn von der nichtfachlichen (einschließlich der theologischen) Öffentlichkeit zur Kenntnis genommen, haben die Zinserörterungen der Spätscholastiker höchste Anerkennung bei Klassikern und Meistern der Wirtschaftswissenschaft gefunden. Als besonders beredtes Beispiel sei nur John M. Keynes herausgegriffen, dem wir folgendes interessante Geständnis verdanken: „Ich wurde in dem Glauben erzogen, daß die Haltung der mittelalterlichen Kirche gegenüber dem Zinsfuß von Natur aus widersinnig war und daß die scharfsinnigen Erörterungen, die auf eine Unterscheidung zwischen dem Ertrag von Gelddarlehen und dem Ertrag aktiver Investitionen zielten, lediglich jesuitische Versuche waren, einen praktischen Ausweg aus einer törichten Theorie zu finden. Jetzt aber lese ich diese Erörterungen als eine ehrliche, intellektuelle Bemühung, auseinanderzuhalten, was die klassische Lehre unauflöslich durcheinander gebracht hat, nämlich den Zinsfuß und die Grenzleistungsfähigkeit des Kapitals. Denn es scheint nun klar zu sein, daß die Untersuchungen der Scholastiker sich auf die Erläuterung einer Formel richteten, die der Tabelle der Grenzleistungsfähigkeit des Kapitals ermöglichen sollte, hoch zu sein, während sie gleichzeitig Vorschriften, Gewohnheiten und das moralische Gesetz dazu benutzten, um den Zinsfuß niedrig zu halten"[48].

Es bleibt nur noch hinzuzufügen, daß parallel mit der zunehmenden Anerkennung des Geldes als Kapital in bestimmter wirtschaftlicher Verwendung auch der Widerstand gegen eine durch wirtschaftliche Aktivität sich verändernde Gesellschaft immer mehr in den Hintergrund trat. Galt bis ins späte Mittelalter hinein das Verbleiben im eigenen Stande als das Ideal, als „Gott wohlgefällig", als der „natürlichen" Ordnung entsprechend, so ändert sich das erkennbar ab dem vierzehnten und fünfzehnten Jahrhundert. Kardinal Thomas de Vio Cajetanus (1469–1534), bekannt als der päpstlich beauftragte Gesprächspartner Luthers anläßlich des Augsburger Reichstages von 1518, bezeichnet in seinem Kommentar zur Summa Theologiae des Heiligen Thomas von Aquin die Vorstellung, ein Bauer müsse immer Bauer, ein Handwerker immer Handwerker, ein Bürger immer Bürger bleiben, so daß niemand erlaubter Weise sich ein Vermögen erwerben dürfe, als „offensichtlich absurd"[49].

Marxistischer Interpretation würde es entsprechen, diese Entwicklung in das bekannte Schema vom „gesellschaftlichen, wirtschaftlichen Unterbau" und vom „ideologischen Überbau" einzufangen[50]. Es verwundert daher nicht, daß Friedrich Engels und Karl Marx, denen die katholische Seite wohl weit weniger bekannt war, Martin Luther, der ganz in der Tradition der mittelalterlichen Wucherlehre stand, obwohl er noch erheblich zurückhaltender als die katholischen Moraltheologen seiner Zeit argumentierte, als Prototyp des bürgerlichen Nationalökonomen betrachteten und ihn direkt mit Adam Smith verglichen, dem „Vater der klassischen Nationalökonomie". So nannte erstmalig Friedrich Engels 1844 Adam Smith den „ökonomischen Luther"[51]. Karl Marx pflichtete dem bei, indem er in seinen ökonomisch-philosophischen Manuskripten „Zur Kritik der Nationalökonomie" erläuterte: „Engels hat daher mit Recht Adam Smith den nationalökonomischen Luther genannt"[52]. – Wie hätte das Urteil beider dann erst über die katholischen Moraltheologen in dem Jahrhundert vor und nach Luther lauten müssen![53]

III. Kritik an der Geldwirtschaft in der entwickelten bürgerlichen Gesellschaft
(„Kapitalismus")

Die Enfaltung der bürgerlichen Gesellschaft findet ihren ökonomischen Ausdruck in der vollen und abschließenden Entwicklung der Geldfunktion. Gleichzeitig damit werden qualitativ neue und terminologisch differenziertere Formen der Kritik an der Geldwirtschaft dominierend, entsprechend der zunehmenden Differenzierung des Wissenschaftsspektrums, wobei die klassische Nationalökonomie, die Soziologie als *die* der bürgerlichen Gesellschaft adäquate Wissenschaftsdisziplin, die Psychologie (insbesondere die Psychoanalyse) und neuerdings die Ökologie ihr je eigenes kritisches Potential entfalten.

Dennoch kann man ziemlich mühelos einen harten Kern der Kritik als gemeinsamen Nenner herausschälen. Eine Gesellschaft unter der Dominanz des Geldes verstümmelt den Menschen, läßt sein Menschsein verkümmern. Die fortschreitende und terminologisch differenziertere Kritik läuft vielfach darauf hinaus, daß Denkprozesse einer (oft schon älteren) Wissenschaftsdisziplin nunmehr im Vokabular einer anderen (neueren, jüngeren) Disziplin ausgesprochen werden, so wie schon die christlichen Theologen (Kirchenväter, Scholastiker, Martin Luther) die Kritik der griechischen Klassik in die Kritik der Bibel und der Moraltheologie aufgehoben hatten (was für Aristoteles „wider die Natur" war, stellte sich für die christlichen Theologen als „Sünde" dar).

Die erste bedeutendere Kritik an der aufkommenden bürgerlichen Gesellschaft verlief allerdings noch stärker in alten Bahnen, d. h. vor dem Hintergrund der traditionellen „Entartungstheorien". Ich spreche vom Wirtschaftsdenken der Romantik. „Adam Müller (1779–1829) bekämpfte mit zerschmetternder Wucht die Naturrechtslehre und Adam Smith's individualistische Auffassung von der Wirtschaft, diese ‚Lehre von der allmählichen, radikalen Zersetzung, Auflösung und Dismembration des Staates'[54] und der Volkswirtschaft"[55]. Im einzelnen bekämpfte Adam Müller Smith's Lobpreisung des Wettbewerbs als bildender Kraft der Volkswirtschaft und stellte ihr die lebende Kraft des persönlichen Zusammenhangs aller Glieder der Gemeinschaft in der Zunft- und Gutswirtschaft entgegen"[56].

Kein Wunder, daß die Romantik eine ausgeprägte Epoche der Judenfeindlichkeit war. „Auch für die Judenfeindschaft als Ausdruck einer allgemeinen Handelsfeindlichkeit ist von der Wirkung der romantischen Gesellschaftskritik auszugehen ... Der in der neueren schöngeistigen Literatur verbreitete Stereotyp des Händlers und des Kaufmanns kann doch selbst auch nur als ein massives Vorurteil bezeichnet werden – so korrigierend dieses Stück Gesellschaftskritik auch immer wirken mag. Wo sich die Handelsfeindlichkeit aber darauf beruft, daß in der ‚natürlichen' und ‚guten' alten Zeit der Kaufmann und Händler eine mit Recht gering geachtete Rolle gespielt habe, wird auch diese Aussage wieder zu einem historischen Irrtum ..."[57].

Auch WERNER SOMBART „sah den Ursprung des Kapitalismus in der Geldleihe. Diese wiederum sei ein durchaus jüdisches ‚Geschenk' an das Abendland, dessen ‚Natürlichkeit' dadurch zerstört, dessen ‚Wesen' dadurch korrumpiert worden sei"[58]. „Wo nicht mehr spezieller gegen bestimmte ‚Vergehen', sondern allgemein gegen die ‚Verwirtschaftlichung' des Lebens durch die Juden argumentiert wird, läßt sich der Antisemitismus oft auf den Nenner einer zwar wenig differenzierten, aber um so tragfähigeren Bewegung gegen die geltende Wirtschaftsverfassung bringen"[59]. „Herausgefordert werden Kräfte, die eine andere Entwicklung wollen als die, der sich die Juden bereits angepaßt haben, Kräfte, die entweder andere Wirtschaftsinteressen vertreten oder aber ‚ordnende' Kräfte, die keinen wirtschaftlichen Notwendigkeiten die Entscheidung über ‚die richtige Wirtschaftsweise' überlassen wollen. Die Zinsfrage gehört zu den wichtigsten Problemen der kapitalistischen Wirtschaftsordnung. Sie eignet sich schon deshalb ganz besonders zur Kombination mit anderen Problemen"[60], z. B. eben mit der Judenfeindschaft.

1. Geldkritik im vormarxistischen, „utopischen" Sozialismus („Entmonetarisierung" der Gesellschaft)

Die Kritik an der bürgerlichen Gesellschaft und an ihrem entscheidenden Instrument und Symbol zugleich, am Geld in der Form von Kredit und Kapital, entzündete sich zunächst an den sozialen Ausfallserscheinungen dieser Gesellschaft: An der wirtschaftlichen Verelendung breiter Volksmassen und am Bauern- und Handwerkersterben unter dem Einfluß der aufkommenden Kapitalwirtschaft und des z. T. wucherischen Kredits.

Unterstützt wurde die Kritik durch die nationalökonomische Lehre von der allein wirtschaftliche Werte schaffenden menschlichen Arbeit („Arbeitswerttheorie"), die den Ruf nach dem „Recht auf den vollen Arbeitsertrag" auslöste. Um dieses Recht sahen die vormarxistischen Sozialisten den Arbeiter betrogen, und zwar um jenen Teil des Ertrages, den der Unternehmer als Profit einsteckte. Dies ist aber nur möglich dadurch, daß, wie später MARX noch deutlicher ausführen sollte, das Arbeitsprodukt dem Arbeiter gegen einen Geldlohn weggenommen und als „Ware" auf dem Markt gegen Geld verkauft wurde, wobei in der Differenz zwischen dem (höheren) Geldpreis für die Ware und dem (niedrigeren) Geldlohn für die Arbeit der Profit des Unternehmers liegt.

Neu an der Kritik der vormarxistischen Sozialisten ist ihre Radikalität. Hatte seit Aristoteles über die Kirchenväter und die Scholastik bis hin zu Martin Luther Einmütigkeit geherrscht, daß Geld für den einfachen Bedarfshandel (Luther hatte deutlich zwischen dem Handel für den täglichen Bedarf und dem Fernhandel für Luxusgüter unterschieden; vgl. Anm. 28) unentbehrlich sei, so forderten die vormarxistischen Sozialisten eine völlige und kompromißlose Entmonetarisierung der Wirtschaft.

Der Engländer ROBERT OWEN (1771–1851), selbst ein erfolgreicher Unternehmer mit idealistischen Vorstellungen, wollte das Geld ersetzt wissen durch Zertifikate über die von einem jeden geleisteten Arbeitsstunden. Und dieses „Arbeitsgeld“ sollte zum Bezug eines äquivalenten Produkts berechtigen, wobei die Äquivalenz aus dem Verhältnis der für die Herstellung der verschiedenen Produkte benötigten Arbeitsstunden resultiert. – Die Entmonetarisierung sollte durch eine Tauschbank, *Labour Exchange Bank*, erfolgen, die auch 1832 in London errichtet wurde. Es handelte sich um eine „Art Warendepot, das Produkte zu taxierten Arbeitswerten entgegennahm und entsprechende Bescheinigungen ausstellte, auf welche die gewünschten Gegenwaren, gleichfalls zu ihrem Arbeitswert, also ohne Gewinnaufschlag, abgegeben wurden. Nach kurzem Anfangserfolg mußte die Bank schließen: Streit war entstanden bei der Bewertung der Waren nach ‚notwendiger Durchschnittsarbeitszeit‘“[61].

Ähnliche Vorstellungen entwickelte in Frankreich PIERRE JOSEPH PROUDHON (1809–1865)[62]. Durch eine von ihm konzipierte *banque d'échange* sollten gleichwertige Waren mit Hilfe von Waren-Depositenscheinen ausgetauscht werden können, wobei der Handelsprofit entfiel. PROUDHON nannte sein gesellschaftliches Konzept „Mutualismus“, basierend auf dem Prinzip der Äquivalenz. Voraussetzung ist die Existenz einer Gesellschaft mit einer Vielzahl von kleinen Warenproduzenten.

In Deutschland wurde der Schneidergeselle WILHELM WEITLING (1808–1871) zum ersten deutschen Theoretiker des Kommunismus in seiner utopischen Gestalt. Das größte Ärgernis der gegenwärtigen Geschichtsepoche (der des „Eigentums“ zwischen den Epochen von „Urkommunismus“ und „Zukunftskommunismus“) ist das Eigentum sowie, damit zusammenhängend, das Geld. Im Zusammenleben der Menschheit der Zukunft wird vor allem das Geld entfallen.

So abstrus manche der im Vorhergehenden dargestellten Ideen in sich klingen mögen, sie haben manche Wirkung erzielt, sicher im Hinblick auf genossenschaftliche Zusammenschlüsse im Bereich des Handwerks und Kleingewerbes.

2. *Geldkritik im Marxismus/Sozialismus („Entfremdung“)*

Für KARL MARX (1818–1883) stellt sich die Entwicklung, auf einen kurzen Nenner gebracht, wie folgt dar: In der frühen Naturaltauschwirtschaft konnten verschiedene Produkte nicht anders als nach der individuell auf sie verwandten Arbeitszeit verglichen werden. Nutz- bzw. Gebrauchswert und Tauschwert waren gleich. Erst nachdem aus dem „Gelegenheitstausch“ (kleiner Bedarfshandel) der „gewohnheitsmäßige, entwickelte“ Tausch (Erwerbshandel) geworden war, konnte „Ware“ für den „Markt“, die Stätte des unpersönlichen Tausches, gewerbsmäßig produziert werden. Und indem aus der Menge der Waren eine sich allmählich als Tauschmittel (= Geld) herausgebildet und einen so hohen Abstraktionsgrad erreicht hatte, daß sie universale Fungibilität erhielt, trat beim Tausch der Gebrauchswert immer mehr hinter dem Tauschwert, d. h. hinter der geldrechenhaften Taxierung aller Waren zurück, womit der Marktpreis als „Geldausdruck des Wertes“ geboren war. Daß auch die menschliche Arbeit nicht mehr zum Gebrauchswert, sondern zum Tauschwert, der hier als „Geldlohn“ erscheint, gehandelt wurde, ist nur konsequent. Geld ersetzt die Frage nach dem Gebrauchswert durch die Frage nach dem Tauschwert. Nicht mehr: Zu was ist das nütze? Sondern: Was bringt mir das ein?

Im Zusammenhang mit der Verschiebung vom Gebrauchswert zum Tauschwert sieht KARL MARX die Entwicklung der Wirtschaft von einem konkreten, direkten Verhältnis zwischen Menschen zu einem unpersönlichen Sachgeschehen, dem der Mensch untergeordnet wird. Auf diese Weise wird auch der Mensch zu einer Sache degradiert, indem seine Arbeit und damit sein „Wesen“, das ja nach MARX durch Arbeit konstituiert wird, „Warencharakter“ annimmt wie jede andere Ware im Wirtschaftsgeschehen.

GEORG SIMMEL hat in seiner „Philosophie des Geldes“ auf die „Inadäquatheit des Geldes“[63], Äquivalent personaler Werte zu sein, hingewiesen. „Adäquat kann es nur Sachen als wirtschaftliche Werte messen, vergleichen und werten, nicht aber Personen. Dem Geld ist es innerlich inadäquat, Äquivalent für Personen und personale Werte zu sein“[64]. Je stärker sich der Personbegriff entwickelt und der Mensch in seiner Individualität und Unverfügbarkeit hervortritt, desto weniger ist das Geld in der Lage, als Äquivalent für personale Werte zu stehen, wie das am brutalsten im Sklavenverkauf, im Blutgeld, im „Lohn“ einer Dirne und vielleicht noch in der Kaufehe zutage tritt. Hier dürfte auch der Grund dafür liegen, weshalb sich bei engen persönlichen Beziehungen Geld so wenig als Geschenk eignet, weil Geld „Distanz“ schafft.

Hierzu noch einmal GEORG SIMMEL: „... – indem man mit Geld bezahlt hat, ist man mit jeder Sache am gründlichsten fertig, so gründlich, wie mit der Prostituierten nach erlangter Befriedigung"[65]. Und weiter: „Die Indifferenz, in der es sich jeder Verwendung darbietet, die Treulosigkeit, mit der es sich von jedem Subjekt löst, weil es mit keinem eigentlich verbunden war, die jede Herzensbeziehung ausschließende Sachlichkeit, die ihm als reinem Mittel eignet – alles dies stiftet eine verhängnisvolle Analogie zwischen ihm und der Prostitution"[66].

Bereits ein Menschenalter früher hatte KARL MARX ganz ähnlich argumentiert[67]. Im Jahre 1844 schrieb er in seiner Schrift „Nationalökonomie und Philosophie": „Gehorche ich den ökonomischen Gesetzen, wenn ich aus der Feilbietung, Preisgebung meines Körpers an fremde Wollust Geld ziehe: (die Fabrikarbeiter in Frankreich nennen die Prostitution ihrer Frauen und Töchter die xte Arbeitsstunde, was wirklich wahr ist), oder handle ich nicht national-ökonomisch, wenn ich meinen Freund an die Marokkaner verkaufe (und der unmittelbare Menschenverkauf als Handel der Konskribierten etc. findet in allen Kulturländern statt), so antwortet mir der Nationalökonom: Meinen Gesetzen handelst Du nicht zuwider; aber sieh Dich um, was Frau Base Moral und Base Religion sagt: Meine nationalökonomische Moral und Religion hat nichts gegen Dich einzuwenden, aber –. Aber wem soll ich nun mehr glauben, der Nationalökonomie oder der Moral?"[68]

Hier nun setzt der junge MARX mit seiner „Entfremdungs-Formel" an. Indem das Geld aus dem integralen Gesellschaftsganzen einen sich autonom gebärdenden Teilbereich Wirtschaft ausdifferenziert, spaltet es den Menschen auf, der nun nicht weiter mehr als Gesamtperson, sondern als Funktion verschiedener gesellschaftlicher Einflußsphären in Anspruch genommen wird. Dazu MARX: „Es ist dies im Wesen der Entfremdung begründet, daß jede Sphäre einen anderen und entgegengesetzen Maßstab an mich legt, ein anderer die Moral, ein anderer die Nationalökonomie, weil jede eine bestimmte Entfremdung des Menschen ist und jede ... einen besonderen Kreis der entfremdeten Wesenstätigkeit fixiert, jede sich entfremdet zu der anderen Entfremdung verhält"[69]. Im Anschluß an Shakespeare, der im „Timon von Athen" das Geld als „gemeine Hure der Völker" bezeichnet hat, denunziert auch MARX das Geld als treulos und hinfällig in seiner Gunst für die entgegengesetzten Dienstleistungen: „Es verwandelt die Treue in Untreue, die Liebe in Haß, den Haß in Liebe, die Tugend in Laster, die Laster in Tugend, den Knecht in den Herrn, den Herrn in den Knecht, den Blödsinn in Verstand, den Verstand in Blödsinn"[70].

Es ist nur konsequent, wenn für MARX in der Vision der kommunistischen Zukunftsgesellschaft die Warenform der Produkte, d. h. ihre Taxierung nach dem Tauschwert, und damit auch das Geld als Zuteilungsmittel und der Geldlohn gänzlich wegfallen werden. Voraussetzung ist die Beseitigung aller Knappheitsverhältnisse, eine Annahme, die einen der schwächsten Punkte im Gedankensystem von KARL MARX darstellt[71].

3. *Kritik an der Geldwirtschaft von Seiten der Psychologie („Aggression", „Angst", „Irrationalismus", „Neurotisierung")*

Mit dem Vordringen der Psychologie, besonders der Psychoanalyse, erfährt die Kritik an der nunmehr voll entwickelten Geldwirtschaft, inzwischen synonym mit „bürgerlicher Gesellschaft", abermals eine neue Qualität. Geld wird zum *Element der Störung im psychischen Bereich.*

Geld erscheint, auch wenn wir sonst nichts von ihm zu sagen wüßten, allgemein als ein Gegenstand der Sorge[72]. Man muß auf der Hut sein, ob man es gewinnen oder ob man es behalten will. „Immer muß man das Geld von jemandem nehmen oder es gegen jemandem verteidigen. Durch das Geld tritt uns der Andere entgegen. Der Geldakt findet nur in der Aggressivität statt"[73]. Die kollektiven Instrumente der Aggression, etwa die Gewerkschaften, sind zugleich auch Versicherungen gegen die Angst und Sorge, die in der bürgerlichen Gesellschaft durch die Dominanz des Geldes verursacht werden.

Die Aggressivität der voll entwickelten Geldwirtschaft findet ihre überzeugendste Erklärung darin, daß es kein generelles, theoretisierbares Motivationsmodell gibt, welches das Geldstreben plausibel mit einer Ruhelage in Verbindung bringen könnte. An ein paar Beispielen soll das verdeutlicht werden, indem wir das Wirken physischer, biologischer und ökonomischer (Ökonomie hier verstanden als entwickelte Geldwirtschaft) Kräfte miteinander vergleichen[74].

Die physische Kraft, einmal von außen befreit, tut ihre Wirkung und strebt dann kraft des Trägheitsgesetzes wieder in die Ruhelage zurück (statisches Modell). Die biologische Kraft wirkt anders. So wird z. B der Hunger als Mangel empfunden. Er motiviert zur Nahrungssuche bzw. -aufnahme. Ist der Hunger gestillt, entfällt das Motiv, im gleichen Sinne weiter wirksam zu sein. Der Organismus kommt zur Ruhe, aber nicht wie im physischen Bereich; denn mit erneut verspürtem Hunger erwacht die Motivierung zur Nahrungsaufnahme abermals. Die Motivation wird wiederum im Gleichschritt mit der Nahrungsaufnahme abgebaut (homöostatisches Motivationsmodell).

Das Geld nun ist weder vom Typ der physischen noch von dem der biologischen Kraft, es ist ökonomischer Natur. Und dies besagt nun in der Tat, daß es kein plausibles Motivationsmodell gibt, das den Umgang mit Geld in eine Ruhelage zu bringen vermöchte, schon gar nicht in eine solche vom statischen Typ wie in der Physik, aber auch nicht in eine solche vom homöostatischen Typ wie in der Biologie.

Der Erklärungswert des Homöostasemodells ist bereits im biologischen Bereich zu relativieren. So kann es zwar eine Reihe von physiologischen Motiven und deren Abbau im Wechsel erklären, z. B. beim Durst, beim Hunger, beim Schlaf. Aber kann es das Faktum erklären, warum der Weinliebhaber bei gefülltem Keller weiterhin Wein einlagert, warum den Gourmet nach immer raffinierteren Speisen gelüstet, warum der Alkoholiker sich sinnlos betrinkt?

Was immer an der Grenznutzenschule mit ihrem Theorem von abnehmenden Grenznutzen in bezug auf einzelne Gebrauchsgüter richtig sein mag (dem Grenznutzentheorem liegt offensichtlich das Homöostasemodell zugrunde), in bezug auf das Geld muß dieses Theorem versagen, weil das Geld in seiner Abstraktheit eine so generelle Anweisung auf Teile des Sozialprodukts darstellt, daß es sich auf Güter erstrecken kann, bei denen die Motivation zum Erwerb und Besitz nicht – wie im Homöostasemodell – mit dem Erwerb und dem Besitz abgebaut, sondern verstärkt wird.

Gerade in einer Konkurrenzwirtschaft (das Konkurrenzprinzip ist das hervorstechendste Handlungsprinzip in einer vollentwickelten Geldwirtschaft) bieten sich hier die verschiedensten Bedürfnisse und Motivationsstrukturen an, an denen sich das erläutern läßt, z. B. beim Bedürfnis nach Selbstverwirklichung und/oder Selbstdarstellung, beim Machtstreben, beim Sicherheitsstreben. „Hier wird erkennbar, daß bei wachsender ‚Befriedigung' bestimmter Motive die Stärke der Motivation paradoxerweise zunimmt, indem das Anspruchsniveau steigt. Es liegt auf der Hand, daß an sich in einer wachsenden Wirtschaft die Motive, die ‚ins Grenzenlose' streben, stärker zum Zuge kommen als diejenigen, welche auf Sättigung angelegt sind"[75]

In diesem Zusammenhang taucht, nunmehr unter dem Begriff der Negation, der negatorischen Kraft, die Kritik wieder auf, die in früheren Zeiten unter der Chiffre der „Widernatürlichkeit", der „Zerstörung der Natur", der „Sünde" eine Rolle gespielt hatte.

Geld trägt negatorischen Charakter, d. h. es läßt es niemals beim Bestehenden bewenden, es sucht ständig Bestehendes zu transzendieren, es „verneint das, was ist, nicht um es auszulöschen, sondern um es in dem, was sein wird, aufgehen zu lassen. Das Geld enthält also ein negatorisches Element"[76].

Der Abstraktionsprozeß des Geldes hat dazu geführt, daß es kein „Ding" mehr ist, sondern nur noch Symbol für Schulden und Forderungen. Nun aber ist ein Anwachsen von Schulden und Forderungen mit der Expansion des Kreditgeschäftes verbunden, das seinerseits wiederum die Seele der kapitalistischen Wirtschaft ist. Und diese auf einer wachsenden Verschuldung basierende Zivilisation hat den Typ des modernen Geschäftsmannes hervorgebracht. Je besser die Geschäfte laufen, desto größer der Hang, sich zu verschulden, mehr Geschäfte zu machen.

Die Psychoanalyse steigert sich in der Dramatik der Darstellung dieses Verschuldungsprozesses bis in quasi-religöse und quasi-theologische Vergleiche hinein. „Ohne Unterlaß, ohne Rast, ohne Maß, so als läge ein teuflischer Fluch auf dem Akt des Geldes, arbeitet der Geschäftsmann wie ein auf ewig Verschuldeter auf der Jagd nach einer unmöglichen Erlösung. – Ewige Schulden, unmögliche Erlösung: Diese Worte wecken in uns ein seltsames Echo. Sie erinnern an ein anderes Drama, das der Erbsünde, an die Strafe, mit der die Menschheit geschlagen ist – die Arbeit des Mannes und das Leiden der Frau. Man wagt kaum, es sich einzugestehen: Die kapitalistische Geschichte folgt dem Muster des theologischen Mythos“[77].

Deutlicher und überzeugender werden jetzt auch die Konsequenzen des Abstraktionsprozesses des Geldes herausgearbeitet und diese Konsequenzen als absurd, als irrational qualifiziert. Auf eine Kurzformel gebracht, könnte man von einer (anthropologischen) Irrationalität bzw. Absurdität der (geldrechenhaften) Rationalität bzw., noch kürzer, von einer Absurdität der Rationalität sprechen.

Indem Geld immer mehr in die Abstraktion entgleitet, worin es zugleich seine höchste Funktionalität erreicht, stellt es keinen konkreten Reichtum mehr dar, sondern nur noch arithmetische Differenzen („Salden“) in buchungstechnischem Sinne. Folglich sind Störungen im Wirtschaftssystem nicht mehr identisch mit Störungen im güterwirtschaftlichen Bereich, sondern mit Störungen in der „Saldenmechanik“. Daraus erklärt sich u. a. in erster Linie das Paradox des Börsenkrachs an der Wall-Street vom Oktober 1929. Worin lag das Paradox? Über Nacht wurden ganze Nationen arm wie eine Kirchenmaus, mit Millionenheeren von Arbeitslosen. Wieso eigentlich arm? Alle Fabriken standen noch, die Früchte des Feldes waren noch da, die Magazine und Warenhäuser prall gefüllt. Es war eine Verarmung, die nicht durch eine sachzerstörerische Katastrophe wie Krieg oder Naturereignisse eintrat, sondern eine ausschließlich rechnerische Verarmung durch das Zerplatzen der Seifenblase von rein kalkulatorischen Wertdifferenzen ohne güterwirtschaftliche Deckung.

Nun sieht die Kritik, die einen solchen Prozeß als Absurdität qualifiziert, fast einen built-in-Mechanismus in der Geldwirtschaft am Werke, der diesen absurden Prozeß blind weitertreibt[78], bis er seinen Konsequenzen erliegt. „Das auf den Begriff der Differenz gegründete System führt zum Selbstmord, zur Selbstzerstörung. Die Welt des Geldes endet im Absurden: Die kapitalistische Ökonomie kann nur unter der Bedingung überleben, daß sie freiwillig hinter ihrer Macht zurücksteht. Sie ist in eine Sackgasse geraten, aus der sie nur herausfindet, wenn sie sich selbst verleugnet"[79].

Die letzten Sätze deuten an, daß es eine Remedur dieser Absurdität geben könnte. Das Modell bleibt dabei immer dasselbe: Zurückdrängung des Gelddenkens, der Omnipräsenz der Geldfunktion in der Gesellschaft.

Die jüngere Psychoanlayse versucht, die Irrationalität der Geldwirtschaft von der Kritik an den ökonomischen Widersprüchen weg in die psychischen Widersprüche zu verlagern, in die das Gelddenken den Menschen bringt. Geld rational erklären zu wollen, sei von vornherein zum Scheitern verurteilt, da Geld selbst als Symbol für Irrationalität stehe. Im Gegensatz zu den Kindern in THOMAS MORUS' „Utopia", die mit vorrückendem Alter und wachsendem Vernunftgebrauch jenen Tand ablegen (vgl. Anm 7), der bei anderen (offensichtlich „unvernünftigen") Völkern Geldcharakter hat, stilisierten Geldgesellschaften wiederum den unnützesten Gegenstand, den man sich denken könne, nämlich das Geld, zum höchsten aller Werte. So wie Geld aus den nutzlosesten und überflüssigsten Gegenständen – Muscheln, Gold, Silber – hergestellt werde, so sei es auch selbst Symbol einer Überflußgesellschaft, die aber ihrerseits von Natur aus widersinnig sei (hier taucht wieder das „παρὰ φύσιν" des Aristoteles auf), weil sie den Maßstab des Notwendigen verloren habe und daher unnötige, überschüssige Arbeit leiste[80].

Auch in der jüngeren Psychoanalyse wird das Aufkommen der Geldwirtschaft wieder mit dem Absterben der Religion und mit dem Aufkommen von Ersatz-„Religionen" in Verbindung gebracht. Die Überflußproduktion der Geldgesellschaft für „rational" zu halten, sei in Wirklichkeit doch „Dämonenverehrung. Statt wie in den archaischen Gesellschaften den Überfluß Gott zu geben, hätten wir den Produktionsprozeß, der den Überschuß schafft, als Gott zu verehren begonnen. Aber weder kapitalistische noch sozialistische Ratio schaffe die irrationalen Impulse ab. Sie ließe sie nur entgleiten, indem sie die Schranken sakraler Tradition entfernte. Diese Selbstentfremdung habe ihre Entsprechung in der Geldwirtschaft"[81].

Sehr deutlich bringt NORMAN O. BROWN das Geld mit der Religion bzw. mit der Säkularisierung der Gesellschaft in Verbindung, indem er es zum weltlichen Anti-Gott erklärt. „Wenn es je eine Psychoanalyse des Geldes geben soll, so muß sie von der Hypothese ausgehen, daß der Geldkomplex im Wesentlichen die Struktur der Religion hat – oder, wenn man will, der Verneinung der Religion, also des Dämonischen[82]. Die psychoanalytische Geldtheorie muß von der Voraussetzung ausgehen, daß Geld – nach Shakespeare – der ‚sichtbare Gott' oder nach Luther ‚der Gott dieser Welt' sei"[83].

In jüngster Zeit hat MICHAEL SCHNEIDER, in Verbindung von Marxismus und Psychoanalyse, die Dominanz der abstrahierenden Geldfunktion für die

Verbreitung von Neurosen in der bürgerlichen Gesellschaft dingfest zu machen versucht[84]. Indem durch die Zwischenschaltung des Geldes die persönlichen, konkreten, sinnlichen Beschaffenheiten der Arbeit und der Produkte, die sie herstellt, ausgelöscht und in abstrakten, unpersönlichen, entsinnlichten Tauschwert verwandelt worden sind, sind auch die natürlichen Bedürfnisse des Menschen zum großen Teil verdrängt worden. Geldverdienen, Arbeitsdisziplin, Verzicht auf natürliche Bedürfnisbefriedigung sind an ihre Stelle getreten. „Der Motor dieser psychischen Prozesse ist aber durchweg das Geld, das sowohl abstrakt als auch maßlos ist – maßlos, weil es keinen konkreten sinnlichen Bedarf befriedigt und sich deshalb der natürlichen Begrenzung aller anderen Bedürfnisse entzieht. Wer genug gegessen hat, ist satt. Wer genug getrunken hat, ist nicht mehr durstig. Auch der Befriedigung sexueller Lust sind Grenzen gesetzt. Nur die Geldgier ist unbegrenzt[85]. Wie beim Essen, beim Trinken, bei pathologischer Entartung der Sexualität die natürlichen Grenzen durch Süchtigkeit überschritten werden können, so geschieht das *stets* beim Geld“[86]. – In diesem Sinne erscheint das Streben nach Geld als „der ewig unbefriedigte, maßlose, kranke, süchtige Trieb schlechthin“[87]. Geld macht krank, Geld macht neurotisch!

4. *Neuere Kritik an der hypertrophen Geldwirtschaft aus der Sicht der Nationalökonomie („Wohlstandsfalle“)*

Nach und neben den bisher dargestellten Entwicklungen klassischer und traditioneller Geldkritik, die sowohl in ihrer Plausibilität als auch in ihrer sozialen Wirkung nicht zu unterschätzen sind, bricht sich in jüngster Zeit eine Kritik Bahn, die sich auf handfeste ökonomische Daten stützen kann, ohne deshalb den Konnex mit den anderen Kritiken zu verlieren.

Auch die neuerdings stärker ökonomisch argumentierende Geldkritik läßt sich, selbst wenn sie sich dieses Vokabulars weniger bedient, mit der älteren Kritik an der „Widernatürlichkeit“, an den negatorischen, zerstörerischen Tendenzen der Geldwirtschaft in Einklang bringen. Sie stellt ab auf das empirisch und statistisch belegbare Faktum, daß eine Gesellschaft mit hypertropher Geldfunktion Lebensbedingungen schafft, die – wenn der Entwicklung nicht Einhalt geboten wird – die Gesellschaft in „Wohlstandsfallen“ hineinschlittern läßt. Der Gedankengang ist, kurz dargestellt, folgender[88]:

Seit der frühbürgerlichen, frühkapitalistischen Epoche beobachten wir einen Prozeß der Auflösung größerer Haushaltseinheiten und der Herausbildung von Kleinfamilien und Kleinhaushalten in wirtschaftlich abhängiger und nach außen (d. h. auf den Betrieb) orientierter Verfassung.

Solche abhängigen Kleinfamilien und Kleinhaushalte bilden zugleich als Voraussetzung und Konseqenz einen starken Impuls für eine Wachstumswirtschaft.

Ich weiß nicht, ob es schon Statistiken gibt, in denen die Haushaltsgrößen verschiedener Gesellschaften unterschiedlicher wirtschaftlicher Entwicklungsstufe vergleichbar gemacht worden sind. Zu überprüfen wäre die Annahme, daß mit steigendem materiellem Wohlstand, der wiederum identisch ist mit zunehmender Arbeitsteilung und sich entwickelnder Geldfunktion, die Zahl der Haushalte zu- und deren durchschnittliche Größe abnimmt. Für die Bundesrepublik Deutschland läßt sich dies anhand einer einfachen Zeitreihe zwischen 1950 und 1977 drastisch nachweisen[89]. In anderen sich ökonomisch entwickelnden Gesellschaften dürfte der Prozeß ganz ähnlich verlaufen. Wir hätten hier den Fall einer statistisch belegten, in der Eigentümlichkeit einer entwickelten bzw. sich entwickelnden Geldwirtschaft fundierten „Auflösung" einer Gesellschaft von größeren Lebenseinheiten zu atomisierten Kleinsteinheiten (Kleinfamilien, Kleinhaushalte).

Es wurde gesagt, daß solche kleinen Einheiten die stärksten Impulse für eine Wachstumswirtschaft vermitteln.

Der beziehungslose Mensch kann seine Gesamtproduktivkraft gegen wachsende Entlöhnung ungehemmt der arbeitsteiligen Wirtschaft zur Verfügung stellen. Braucht sie die Arbeitskraft nicht mehr, so läßt sie den unbehüteten Menschen fallen, der in der Kleinfamilie keinen Schutz finden kann. Versicherungssystem oder staatliche Fürsorge müssen den Fall des von der Wirtschaft abgeschriebenen Menschen dämpfen"[90].

Die mit tausend Fäden an die arbeitsteilige Produktion der bürgerlichen Gesellschaft gebundene Kleinfamilie, der Kleinhaushalt, hat die Fähigkeit zu interner unentgeltlicher Gegenseitigkeitshilfe weitgehend eingebüßt. Sie ist zunehmend auf die Inanspruchnahme externer, über den privaten Dienstleistungsmarkt, das private und/oder gesetzliche System der sozialen Sicherheit und/oder den Staat angebotener Hilfen angewiesen.

Jeder Haushalt produziert bei der zunehmenden „Durchökonomisierung" fast aller Dienstleistungen in zunehmendem Maße (mit der Anzahl der ihm angehörenden Personen nur partiell degressive) fixe Kosten. Mit zunehmender Zahl der Haushalte und abnehmender durchschnittlicher Haushaltsgröße steigt somit die Summe der fixen Kosten aller Haushalte und damit die Nachfrage nach extern, d. h. über den Markt erbrachten Dienstleistungen.

Besonders expansiv sind die sog. „sozialen Dienstleistungen" wie: Hilfen für Benachteiligte und Hilfsbedürftige, Kranke, Behinderte, Erwerbsunfähige, Arbeitslose, Jugendliche, Kinder, Gastarbeiter usw. Expansiv deshalb, weil der Personenkreis, der solche Hilfen benötigt, wächst (Zunahme der alten

Menschen, der chronisch Kranken, des Anteils der Pflege- und Betreuungsbedürftigen, gemessen an der Erwerbsbevölkerung) und weil viele dieser Dienstleistungen im Schoße der Kleinfamilie und des Kleinsthaushaltes nicht mehr als interne und unentgeltliche gegenseitige Leistungen erbracht werden können. „Die Expansion sozialer Dienste ist einerseits durch die *Bedürfnisverschiebungen* bedingt, andererseits durch die zunehmend wegfallenden, in den kleinen Gemeinschaften erbrachten, unentgeltlichen Dienste“[91].

Unsere Gesellschaft steht vor dem scheinbar immer unlösbarer werdenden Problem, daß die sozialen Dienstleistungen aus den genannten Gründen

- außerordentlich expansiv und (wegen der Personal- und damit Lohnintensität)
- besonders kostenintensiv sind.

Die Vermarktung, Kommerzialisierung und damit Monetarisierung der sozialen Dienste, scheinbar ein built-in-Mechanismus der bürgerlichen Gesellschaft, führt zu der sattsam bekannten „Entpersönlichung der menschlichen Beziehungen“ und zu den immer deutlicher werdenden Grenzen der Finanzierbarkeit einer entsprechenden „Sozialapparatur“.

In der Periode stürmischen Wirtschaftswachstums bildete sich die euphorische Meinung heraus, alles, auch die sozialen Dienste, sei mit Geld bezahlbar. Inzwischen hat uns die Finanzlage des Staates (zunehmende Verschuldung) und die Kostenexplosion im Gesundheitswesen vor allem (Versuch, dieser Entwicklung mit „Kostendämpfungsgesetzen“ Herr zu werden) deutlich vor Augen geführt, daß eine Aufrechterhaltung, geschweige denn Verbesserung, des Dienstleistungsangebots mit den Mitteln eines konventionellen Sozialstaates keine realen Chancen mehr hat. Unser langjähriges Vertrauen in die fast unbegrenzten Möglichkeiten einer Wachstumswirtschaft, basierend auf der „Entsolidarisierung“ der Gesellschaft durch sich selbst isolierende Kleinfamilien und Kleinsthaushalte, hat uns unversehens in eine „Wohlstandsfalle“ hineinschlittern lassen, aus der unsere Gesellschaft nur herausfinden kann, wenn in neuen Kategorien gedacht und gehandelt wird.

Nur am Rande sei vermerkt, daß die Hauptanstöße der Inflation, soweit sie internen Ursachen zuzuordnen sind, aus der Expansion des staatlichen und sozialen Sektors der Volkswirtschaft herrühren.

IV. Entmonetarisierung der Gesellschaft?

Der säkularen Kritik am Geld und an der Geldwirtschaft, angefangen von der griechischen Klassik über die Patristik und Scholastik, über die utopischen Staatsromane der Voraufklärungszeit, bis hin zum Sozialismus/Marxismus, zur Psychoanalyse und zu jüngsten Äußerungen der Nationalökonomie, folgt wie ihr eigener Schatten die Forderung nach dem, was man als „Entmonetarisierung", als „Eindämmung der Geldwirtschaft"[92] bezeichnen kann.

Dabei tritt diese Forderung, grob gesprochen, in drei Typen auf:

– In der Forderung nach Kontrolle oder Reduktion der Geldfunktion bei grundsätzlicher Anerkennung der Notwendigkeit des Geldes als Tauschmittler;

– in der Forderung nach radikaler Abschaffung des Geldes überhaupt bzw. in der Erwartung, daß Geld in einer kommunistischen Zukunftsgesellschaft sich selbst überflüssig machen wird;

– in Überlegungen zu einer partiellen Eindämmung der Geldwirtschaft bei grundsätzlicher Beibehaltung der entwickelten Geldfunktion.

1. Kontrolle und Reduktion der Geldfunktion bei Anerkennung des Geldes als notwendigem Tauschmittler

Diesem Typ ist zunächst einmal zuzuordnen die griechische Klassik. Sowohl Platon als auch Aristoteles hielten die Benutzung des Geldes für unvermeidbar, um einen notwendigen überschaubaren Bedarfshandel zu ermöglichen. Allerdings darf Geld, in moderner Terminologie ausgedrückt, nicht zu „Kapital" werden. Die Kapitalisierung des Geldes soll dadurch verhindert werden, daß der Gläubiger weder die Stammsumme noch die Zinsen einklagen kann. Interessant, weil nicht ganz unaktuell, ist die Überlegung Platons, daß Gold- und Silbermünzen nur im Außenverkehr Gültigkeit haben sollen, während im Innern nur Münzen aus unedlen Metallen umlaufen sollen[93]. Diesen Gedanken finden wir teilweise in Thomas Morus' „Utopia" wieder, nur daß die Utopier im Innern gar kein Geld brauchen, während sie Gold und Silber für den Außenhandel reservieren. Ähnlich verhalten sich die „Sonnenstaatler" in Thomas Campanellas „Civitas Solis"[94].

Kontrolle und Reduktion der Geldfunktion wie in der griechischen Klassik finden wir ebenso bei den Kirchenvätern und in der Kanonistik sowie – in sich allmählich abschwächender Form – in der Scholastik, wobei – beginnend mit der Spätscholastik – eine Kapitalisierung des Geldes, zunächst in der Hand der Kaufleute und Bankiers, hingenommen und zunehmend ökonomisch legitimiert wird.

Gegenüber einschlägig interessierten katholischen Moraltheologen der Spätscholastik (Antonin von Florenz, Luis de Molina u. a.) vertritt Martin Luther noch die strengere Auffassung.

2. *Forderung nach radikaler Abschaffung des Geldes*

Abgesehen von dem faktischen Fehlen des Geldes für die innere Warenzirkulation in den Gesellschaftsschilderungen der genannten utopischen Staatsromane, finden wir eine polemische Bekämpfung des Geldes und die Forderung nach seiner radikalen Beseitigung erst bei den vormarxistischen, „utopischen" Sozialisten der ersten Hälfte des neunzehnten Jahrhunderts. Alles Wesentliche dazu ist bereits an anderer Stelle ausführlicher dargestellt worden, so daß sich hier eine Wiederholung erübrigt[95].

In der sozialistischen Übergangsgesellschaft nach marxistischem Muster zwischen dem Kapitalismus und dem Kommunismus hat das Geld einen provisorischen Charakter, da noch Warenproduktion und Warenzirkulation vorhanden sind[96], die eines Mediums bedürfen. Es dient der Versorgung der Bevölkerung in der Weise, daß es den Austausch der Arbeitsprodukte zwischen den elementaren Produktionsfaktoren, d. h. zwischen dem agrarischen und dem gewerblichen Sektor sowie zwischen konkreter und abstrakter Arbeit vermittelt, nicht dagegen mehr, wie in bürgerlichen Gesellschaften, zwischen den Eigentümern der Produktionsstätten („Kapitalisten") und den Nichteigentümern („Proletariern").

Somit ist Geld in sozialistischen Gesellschaften nur noch allgemeines Äquivalent im Bereich der Konsumgüterzirkulation (eine Art Bezugsschein), nicht aber mehr bei den Produktionsmitteln, da diese ja deswegen dem Markt entzogen sind, weil kein Eigentümerwechsel (wie bei den Konsumwaren) mehr stattfinden kann, wenn alle Produktionsmittel im Eigentum des Staates („Volkseigentum") stehen. Daher kommt es auch nicht mehr zu einem Verkauf von Produktionsmitteln, sondern nur noch zu einem internen Tausch nach den Produktionserfordernissen des sozialistischen Plans. „Innerhalb der zwischenbetrieblichen Beziehungen hat das Geld lediglich die Funktion der Kontrolle und der Erfassung der reziproken Arbeitswerte"[97].

Ist das Geld also in der sozialistischen Übergangsgesellschaft vergleichsweise bereits weitgehend entfunktionalisiert, so verliert es seine Existenzgrundlage endgültig in der kommunistischen Zukunftsgesellschaft. „In der Situation eines administrativ zu verteilenden Überflusses verliert ... das Geld, das stets an die Versorgungssituation einer Knappheit an Waren gebunden ist, seine elementare Funktion. Der Tausch ist nunmehr unnütz geworden und wird durch Zuteilung der Konsumgüter an die Bürger entsprechend der Größe ihres Bedarfes ersetzt"[98].

Entsprechend dieser Erwartung wird man Gesellschaften dem bürgerlichen bzw. dem sozialistischen oder kommunistischen Typ zuordnen können nach dem Ausmaß der Funktionen, die das Geld (noch) in ihnen spielt. Je weniger

Markt und je mehr Zuteilung, desto sozialistischer (kommunistischer) die Gesellschaft. „Die vom Gelde befreite Gesellschaft“, so könnte man die vollkommunistische Gesellschaft nennen. Sie ist die Gesellschaft des Menschen, ohne Ausbeutung, ohne Entfremdung.

Für die marxistisch orientierte Psychoanalyse ist die vom Gelde befreite Gesellschaft die Gesellschaft ohne Neurosen. „Alles, was wir ... über die pathogenen Eigenschaften des Geldes und des Geldinteresses gelernt haben, muß umgemünzt werden in eine Psychotechnik zur Überwindung des Geldes, zur Überwindung der Kapitaltyrannei, zur Einübung in eine Gesellschaft frei von der Didaktur des Geldes ... – aus der Analyse des Geldes muß eine Therapie zur Heilung des Geldinteresses erwachsen“[99].

3. *Überlegungen zu einer partiellen Eindämmung der Geldwirtschaft bei grundsätzlicher Beibehaltung der entwickelten Geldfunktion*

Den jahrtausende alten Bemühungen der Ethiker, die Entwicklung der Geldfunktion hintanzuhalten, die Kapitalisierung des Geldes zu verhindern, war kein Erfolg beschieden. Der Siegeszug der bürgerlichen Gesellschaft, des „Kapitalismus“, war durch Ethik und kanonistisches Zinsverbot nicht aufaufzuhalten.

Der Anbruch einer kommunistischen Überflußgesellschaft, in der das Geld sich selbst überflüssig machen wird, dürfte nach aller bisherigen Erfahrung mit sozialistischen Gesellschaften und aus realistischer Einschätzung der Entwicklungsmöglichkeiten *ad Kalendas graecas* zu vertagen sein.

Sind also alle Überlegungen, die auf eine Entmonetarisierung oder auf eine Kontrolle und Reduktion der Geldfunktion sich richten, von vornherein illusorisch oder utopisch?

An dieser Frage und am Versuch ihrer Beantwortung setzt eine interdisziplinär zusammengesetzte Arbeitsgruppe an, die sich im Jahre 1972 in der Schweiz aus Dozenten und Mitarbeitern verschiedener Hochschulen sowie der Privatwirtschaft gebildet hat. Ihr Projekt trug den Titel: „Neue Analysen für Wachstum und Umwelt“ (NAWU). Ihre ursprüngliche Zielsetzung lautete: „Wie und mit welchen politisch-rechtlichen Steuerungsstrukturen ist es möglich, aus der Phase eines exponentiellen Wachstums in geordneter Weise, ohne ökonomische Krisen, in ein ökonomisch-ökologisches Gleichgewicht zu gelangen?“[100]. Dabei erfuhren sie, „daß die Lebensform in einer Wirtschaft mit ökonomisch-ökologischem Gleichgewicht nicht die gleiche sein kann wie in einer Wirtschaft des exponentiellen Wachstums“[101].

Es ist nicht möglich, hier die Überlegungen der Gruppe im Detail und für die verschiedensten Bereiche der Gesellschaft nachzuzeichnen. Anknüpfend an dem, was weiter oben (s. S. 32ff.) zur „Wohlstandsfalle“, hervorgerufen durch eine hypertrophe Geldwirtschaft, bereits ausgeführt worden ist, läuft der Vorschlag der Gruppe auf eine „Eindämmung der Geldwirtschaft“[102] durch den Ausbau eines „naturalen“ Dienstleistungsnetzes, d. h. auf Gegenseitigkeit und der Basis monetärer Unentgeltlichkeit funktionierenden Systems sog. „kleiner Netze“ als Vorfeld einer „sozialen Mutation“[103] hinaus.

Wenn nicht humanitäre, so würden uns ökonomische Überlegungen zwingen, die immer unbezahlbarer werdenden vermarkteten, kommerzialisierten, monetarisierten sozialen Dienstleistungen immer mehr aus dem Markt heraus- und in „kleine Netze“ zurückzunehmen, die an die Stelle der funktionsschwachen Kleinfamilien und Kleinsthaushalte treten und die diese Leistungen in natura erbringen. „Dieser Sozialdienst wäre weder Verdienst noch Liebesdienst, sondern *Dienst auf einer Nichtlohnbasis* (also ohne Entgelt), aber prinzipiell *auf Gegenseitigkeit* (d. h. mit naturaler ‚Verrechnung‘)“[104].

Was die naturale „Verrechnung“ der „Leistungen auf Gegenseitigkeit“ betrifft, so hält die Gruppe für theoretisch denkbar „ein System von ‚Berechtigungsscheinen‘ oder ‚Anteilen‘ auf Sozialgüter, an deren Produktion man selbst beteiligt ist. D. h., wer eine Woche im Jahr im Krankenhaus arbeitet, erhält einen Berechtigungsschein für eine Woche Gratisbehandlung im Krankenhaus“[105].

Wie sich die Ideen gleichen! Wer erinnert sich nicht der „Labour Exchange Bank“ des Sir Robert Owen (s. o. S. 25), der „banque d'échange“ des Pierre Joseph Proudhon (s. o. S. 25)? Daß die Voraussetzungen und der Umfang der Operation bei den Frühsozialisten und bei den Schweizern gänzlich verschieden sind, macht die Modelle unvergleichbar. Ihre Gemeinsamkeit liegt im Anliegen einer – dort totalen, ideologisch motivierten, hier partiellen, rational begründeten – Entmonetarisierung der Gesellschaft als einzigem noch gangbaren Ausweg aus der „Wohlstandsfalle“, in die uns die Dominanz des Geldes in unserer Gesellschaft hat hineinschlittern lassen.

Es gehört nicht zum hier behandelten Thema, die Praktikabilität der Vorschläge der schweizerischen Forschungsgruppe zu prüfen. Sie haben aber, abgesehen davon, ohne Zweifel einen eminenten Bezug zum Thema „Geld und Gesellschaft“.

Zusammenfassung

Geld hat, seit es für uns geschichtlich greifbar wird, immer im Bannkreis von Religion und Ethik gestanden. Ursprünglich wahrscheinlich aus dem religiösen Gabenverkehr (Tempelabgaben, Kultabgaben) stammend, dringt es in einem langsamen Abstraktionsprozeß, den man zugleich auch als „Säkularisierungsprozeß" bezeichnen könnte, in die Wirtschaft vor. Seine Verbindung mit Religion und Ethik zeigt sich u. a. darin, daß alte griechische und römische Münzen nicht selten das Bildnis einer Gottheit tragen, die die Verbindung von Religion und Ethik symbolisiert. So weisen alte römische Münzen bisweilen das Konterfei einer weiblichen Person auf, die durch die Beischrift „Moneta"als Münzgöttin (lat. *moneta* = Münze) bezeichnet ist[106] und als Attribut eine Waage hält. Dieses Attribut ist sonst nur noch der „Aequitas" zu eigen, einer Schwester der Justitia. Sowohl Moneta wie Aequitas verweisen auf den Bereich der Verteilungsgerechtigkeit, insofern Aequitas auf den Anteil des Zugemessenen zu achten, Moneta dagegen die Aufmerksamkeit auf den Ausschluß des Betrugs beim Verteilungsakt nahezulegen hat – im Sinne der etymologischen Deutung, die Thomas von Aquin dem Wort ‚Moneta' gegeben hat: „Moneta heißt (das Geld), weil es uns ‚moniert', daß kein Betrug unter den Menschen vorkomme, da es das geschuldete Wertmaß ist"[107].

Geld ist aber seit den frühesten Zeiten auch Gegenstand des Mißtrauens, der Skepsis und der Verachtung gewesen. Duldete man es als Tauschmittler für den kleinen überschaubaren Bedarfshandel, so fürchtete man seine desintegrierende, negatorische, zerstörerische Kraft, wenn es sich des Denkens und des Trachtens der Menschen bemächtigte und ein Eigenleben zu führen begann. Dabei trat die Kritik nacheinander im Gewande der Naturrechtsethik, der christlichen Religion, der Soziologie, der Nationalökonomie und der Psychologie auf. Terminologisch kleidete sie sich in Begriffe wie „Widernatürlichkeit" (Platon, Aristoteles, Kirchenväter), „Sünde" (Kirchenväter, Scholastik, Kanonistik, Martin Luther), „Ausbeutung" (Karl Marx, Sozialismus), „Anomie" (Emile Durkheim), „Angst", „Aggression", „Irrationalität", „Neurose" (Psychologie, Psychoanalyse), „Wohlstandsfalle" (neuere Ökonomie und Ökologie). Inwieweit die formelhafte verbale Verachtung von Gold (von Geld) als „Kot der Hölle", „Götterdreck" usw. magische Implikationen enthält, wäre weiter zu untersuchen.

Alle Fortschritte und Anreicherugen in der wissenschaftlichen und terminologischen Geldkritik können nicht verdecken, daß der Kern der Kritik im wesentlichen derselbe bleibt, und daß in der Aufeinanderfolge von Metaphern und Allegorien zur Denunziation des Geldes oft nur die Denkprozesse einer akademischen Disziplin im Vokabular einer anderen ausgedrückt werden.

Eines, so hoffe ich, dürfte der äußerst geraffte Überblick über die millennare Geldkritik in ihren verschiedenen und schillernden Ausdrucksformen deutlich gemacht haben: Geldkritik ist keine Domäne der christlichen Religion, Geldkritik ist auch kein Spezifikum des Sozialismus/Marxismus, Geldkritik ist schlechthin ubiquitär und perenn. Die kurze Periode (ein paar Jahrhunderte) und der relativ eng begrenzte geographische Raum (Nordwesteuropa, Nordamerika), in denen das Geld im akademischen Bereich (klassische Nationalökonomie) seine Absolution erhielt und im ökonomischen Bereich (bürgerliche Gesellschaft, „Kapitalismus") schrankenlos etabliert worden ist, erscheinen eher als die Ausnahme von der Regel.

Ob man diese kurze Periode, die sich, wenn die Zeichen nicht trügen, ihrem Ende zuzuneigen scheint, als die Periode der Rationalität des Wirtschaftens (der Vernünftigkeit gegenüber dem Dunkel der religiös und ethisch geprägten Vergangenheit) bezeichnen darf? Das liefe auf die Frage hinaus: Ist der „Midaskomplex" rational?

Anmerkungen

1 Niklas Luhmann, Funktion der Religion, Frankfurt am Main 1977, S. 315, Anm. 79.

2 Ebenda.

3 Ob eine pure (= desinteressierte) Nächstenliebe außerhalb der religiösen Gnadenordnung überhaupt möglich sei, ist ein theologisches Problem; im Falle der interessierten Nächstenliebe könnte Geldverschenken sogar rational im ökonomischen Sinne sein.

4 Niklas Luhmann, a. a. O., S. 133.

5 Vgl. Wilhelm Gerloff, Geld und Gesellschaft. Versuch einer gesellschaftlichen Theorie des Geldes, Frankfurt am Main 1952; auch Anton Burghardt, Soziologie des Geldes und der Inflation, Wien, Köln, Graz 1977, S. 28f.

6 Thomas Morus, Utopia. In: Klaus J. Heinisch, Der utopische Staat, Rowohlts Klassiker der Literatur und Wissenschaft. Philosophie des Humanismus und der Renaissance, Bd. 3, Reinbek 1960, S. 66.

7 Auch andere Gegenstände, die in der Geschichte des Geldes oftmals Geldcharakter tragen und z. T. noch heute bei primitiven Stämmen tragen, unterliegen der gleichen Geringschätzung: „Außerdem sammeln sie (die Utopier; Weber) Perlen an den Küsten, ja auch Diamanten und Granatsteine in gewissen felsigen Gegenden; jedoch suchen sie nicht danach, sondern schleifen nur die, die sie zufällig gefunden haben. Damit behängen sie ihre Kleinsten, die zwar in den ersten Kinderjahren mit solchen Schmuckstücken groß tun und stolz auf sie sind, sobald sie aber ein wenig älter geworden sind und merken, daß nur Kinder solchen Tand tragen, diesen ohne weitere Aufforderung der Eltern, einfach aus eigenem Scham- und Ehrgefühl ablegen, nicht anders als unsere Buben, die, wenn sie größer werden, die Murmeln, Bälle und Puppen wegwerfen". Ebenda, S. 66.

8 In: Psychiatrisch-neurologische Wochenschrift 9, 1908, H. 52, S. 465–467.

9 Erstmals in Auswahl gesammelt von Ernest Bornemann, Psychoanalyse des Geldes. Eine kritische Untersuchung psychoanalytischer Geldtheorien, Frankfurt am Main 1977.

10 Vgl. bei Ernest Bornemann, a. a. O., S. 90.

11 Theodor Reik, Geld und Kot. In: Internationale Zeitschrift für ärztliche Psychoanalyse 3, 1915, S. 183; bei Ernest Bornemann, a. a. O., S. 129.

12 Für weitere Beispiele sei auf Ernest Bornemann, a. a. O., verwiesen.

13 Siegfried Wendt, Der Einfluß des Geldes auf das Ethos des Wirtschaftens. In: Spannungsfelder der evangelischen Soziallehre, Aufgaben und Fragen vom Dienst der Kirche an der heutigen Gesellschaft. Hrsg. von Friedrich Karrenberg und Wolfgang Schweitzer, Hamburg 1960, S. 255–271; hier S. 259.

14 Ders., ebenda, S. 259f. – Gerade von dieser Überlegung her fällt ein interessantes Licht auf die (ideologisch gewollte bzw. wenigstens in Kauf genommene) durchgängig unterentwickelte Geldfunktion in allen Länder mit zentraler Verwaltungswirtschaft. Das Wort Dostojewskis „Geld ist geprägte Freiheit" gilt nur von einem voll funktionsfähigen Geld. Zu voller Funktion kann das Geld aber nur in einer voll und frei funktionierenden Wirtschaft gebracht werden. Der Gütegrad eines Geldes ist identisch mit seinen Freiheitsgraden (= Konvertierbarkeit im allerweitesten Sinne). Wenn man das weiß, dann leuchtet unmittelbar ein, weshalb Geld aus Ländern mit unterentwickelter Geldfunktion oft so geringwertig und deshalb inkonvertibel ist. Freiheit ist auch in diesem Sinne unteilbar.

[15] WILHELM GERLOFF, a. a. O., S. 113.

[16] Aristoteles, Politik, I. Buch, 3. Kap., Nr. 23; nach Langenscheidtsche Bibliothek sämtlicher griechischer und römischer Klassiker, 23. Bd., 3. Aufl. Berlin und Stuttgart 1855–1908. – Im Urtext: „*Εὐλογώτατα μισεῖται ἡ ὀβολοστατικὴ διὰ τὸ ἀπ'αὐτοῦ τοῦ νομίσματος εἶναι τὴν κτῆσιν καὶ οὐκ ἐφ'ὅπερ ἐπορίσθη. Μεταβολῆς γαρ ἐγένετο χάριν, ὁ δὲ τόκος αὐτὸ ποιεῖ πλέον. Ὅθεν καὶ τοὔνομα τοῦτ' εἴληφεν. Ὅμοια γὰρ τὰ τικτόμενα τοῖς γεννῶσιν αὐτὰ ἐστιν, ὁ δὲ τόκος γίνεται νόμισμα νομίσματος. Ὥστε καὶ μάλιστα παρὰ φύσιν οὗτος τῶν χρηματισμῶν ἐστίν*". Aristoteles, graece, ex Recensione Immanuelis Bekkeri; hrsg. von der Königlich Preußischen Akademie der Wissenschaften, 2. Bd., Berlin 1831: *ΠΟΛΙΤΙΚΩΝ Α*, S. 1258, Z. 2ff.

[17] Es bedeuten: W = Ware, G = Geld als Tauschmittler, G′ = Geld in der Funktion von „Kapital".

[18] Diese „Homilie" steht unter den exegetischen Psalmen-Homilien des Basilius (Migne, Patres Graeci, XXIX, S. 263–280). – Hier nach: Bibliothek der Kirchenväter. Des hl. Kirchenvaters Basilius des Großen ausgewählte Schriften, aus dem Griechischen übersetzt, II. Bd., München 1925, S. 360–371.

[19] Das Fortpflanzungsverhalten von Hasen war ein beliebtes Beispiel zur anschaulichen Erläuterung des Verzinsungsprozesses im Sinne von Zins und Zinseszins. Es bestand eine Vorstellung über dieses Verhalten, die man mit „Superfecundatio" bezeichnen kann, d. h. man glaubte, daß trächtige Häsinnen noch vor dem neuen Wurf wieder geschwängert werden könnten.

[20] Eigenanmerkung des Übersetzers zu dieser Textstelle: Vgl. Herodot, Hist. III, 109 und Plinius, Hist. nat. X, 72. – Siehe übrigens Hexaemeron, hom. IX, c. 5.

[21] Bibliothek der Kirchenväter, a. a. O., S. 366f. (714f.).

[22] Im 5. Buch Moses', dem Deuteronomium, heißt es: „Du darfst von deinem Bruder keine Zinsen nehmen: weder Zinsen für Geld noch Zinsen für Getreide noch Zinsen für sonst etwas, wofür man Zinsen nimmt" (Dtn 23,20). – Zutritt zum Heiligtum hat der, „der sein Geld nicht auf Wucher ausleiht" (Ps 15,5). – Wer dem Geld nachjagt und sich an ihm bereichern will, wird gottlos: „Du nimmst Zinsen und Wucher und erpreßt deinen Nächsten. Mich aber hast du vergessen. – Wort Gottes, des Herrn" (Ez 22,12). – Vgl. auch Ex 22,24, Lev 25,35–37. Zur Strafe des Wucherers vgl. Spr 28,8 und Ez 18,13.

[23] Vgl. u. a. Luthers Schrift „An die Pfarrherren, wider den Wucher zu predigen, Vermahnung" (1540). In: Martin Luthers Werke, Kritische Gesamtausgabe, in 58 Bänden, Weimar 1883–1948; hier Bd. 51. In Orthographie, Grammatik und Interpunktion adaptiert und neu abgedruckt in: GÜNTER FABIUNKE, Martin Luther als Nationalökonom, Deutsche Akademie der Wissenschaften zu Berlin, Schriften des Instituts für Wirtschaftswissenschaften Nr. 15, Berlin 1963, S. 193–230. Trotz der ideologischen Absichten und Zwischentöne gibt diese ursprünglich als Habilitationsschrift FABIUNKES verfaßte Studie einen guten und weithin zutreffenden Einblick in Luthers Wirtschaftsethik. – In der „Vermahnung" von 1540 „an die Pfarrherren, wider den Wucher zu predigen", heißt es gegen Schluß: „Wohlan, laß sie (die Wucherer; Weber) fahren! Sieh Du zu, Pfarrer, daß Du Dich, wie oben gesagt, an ihren Sünden nicht beteiligst! Lasse sie wie die Hunde sterben! Sollen sie mit Leib und Seele vom Teufel gefressen werden! Lasse sie nicht zum Sakrament, zur Taufe und auch nicht zu irgendeiner christlichen Gemeinschaft! Denn es wird eine Plage über Deutschland kommen, die nicht mehr lange ausbleiben kann. Dann werden Geiz und Wucher die Haupttodsünde sein, für die wir alle Gottes Zorn und Rute werden erleiden müssen, weil wir solche verdammten Leute unter uns geduldet haben und sie weder straften noch zügelten, sondern Gemeinschaft mit ihnen hielten." Bei FABIUNKE, a. a. O., S. 229f. – Vgl. auch JOSEPH HÖFFNER, Wirtschaftsethik und Monopole im 15. und 16. Jahrhundert, Jena 1941, bes. S. 146ff.

[24] Nach HANS CHRISTOPH BINSWANGER, WERNER GEISSBERGER, THEO GINSBURG (Hrsg.), Der NAWU-Report. Wege aus der Wohlstandsfalle, Frankfurt am Main 1978, S. 30. – Hinzufügung von mir zum Schema: B = Bankensystem.

[25] Vgl. auch das w. o. zum „Geld als Gegenstand der Verachtung" (S. 8ff.) Gesagte.

[26] Vgl. HANS WOLFRAM GERHARD, Die wirtschaftlich argumentierende Judenfeindschaft. In: KARL THIEME (Hrsg.), Judenfeindschaft. Darstellung und Analysen, Fischer-Bücherei, Bd. 524, Frankfurt am Main und Hamburg 1963, S. 80ff.

[27] Ich darf hier u. a. auf KARL ED. ROTHSCHUH, Iatromagie. Begriff, Merkmale, Motive, Systematik, Westdeutscher Verlag GmbH, Opladen 1978 (Rheinisch-Westfälische Akademie der Wissenschaften, Vorträge G 225) verweisen. S. 11ff.

[28] Anschaulich finden wir diese Unterscheidung bei Martin Luther, der 1524 in seiner Abhandlung „Von Kaufhandlung und Wucher" schrieb:

„Das kann man nicht leugnen, daß Kaufen und Verkaufen ein nötig Ding ist, das man nicht entbehren und wohl christlich brauchen kann, sonderlich in Dingen, die zur Not und Ehre dienen. – Denn also haben auch die Patriarchen verkauft und gekauft: Vieh, Wolle, Getreide, Butter, Milch und andere Güter. Es sind Gottes Gaben, die er aus der Erde gibt und unter die Menschen teilt." Dagegen: „Aber der ausländische Handel, der aus Kalikut und Indien und dergleichen Ware herbeibringt, als solch köstlich Seiden und Goldwerk und Würze, die nur zur Pracht und keinem Nutzen dient, und Land und Leuten das Geld aussaugt, sollte nicht zugelassen werden, so wir ein Regiment und Fürsten hätten." Martin Luthers Werke, Kritische Gesamtausgabe, in 58 Bänden, Weimar 1883–1948, Bd. 15, S. 283ff.– Diese Stelle wird bezeichnenderweise auch von Karl Marx zitiert in: Grundrisse der Kritik der politischen Ökonomie, Berlin 1953, S. 891.

[29] DIETER CLAESSENS, Rolle und Macht. Grundfragen der Soziologie, Bd. 6, München 1968, S. 46. Vgl. auch KARL MANNHEIM, Das konservative Denken. In: Wissenssoziologie, hrsg. von KURT H. WOLFF, Soziologische Texte, Bd. 28, Neuwied 1964, S. 412.

[30] FRITZ REDLICH, Der Unternehmer als „dämonische" Figur. In: Der Unternehmer. Wirtschafts- und sozialgeschichtliche Studien, Göttingen 1964, S. 45ff.

[31] PAUL TILLICH, Das Dämonische. Ein Beitrag zur Sinndeutung der Geschichte, Tübingen 1926.

[32] FRITZ REDLICH, a. a. O., S. 45. – „Tillich hat klargemacht, daß das Dämonische nur in Persönlichkeiten Macht erlangt und zur Erfüllung kommt, so daß man mit Recht vom Unternehmer als einer dämonischen Figur sprechen kann. In ihm wohnt jene ‚schöpferisch-destruktive' Kraft, die man auf dem Gebiet der Wirtschaft am Werk sieht". Ebenda, S. 46.

[33] Vgl. HELMUT SCHOECK, Der Neid. Eine Theorie der Gesellschaft, Freiburg 1966, Kap. „Neidfurcht als Problem der Entwicklungsländer", S. 57ff. – So hat CYRIL S. BELSHAW bei den südlichen Massim, einem Inselvolk in Melanesien, beschrieben, wie der Neiddruck den Anführer, das unvermeidliche Übel, so gängelt, daß er im Interesse der Gleichheit oder aus Furcht, selber an einer Neuerung sichtlich zu profitieren, manchmal gerade solche Unternehmungen unterläßt oder abbricht, die für den wirtschaftlichen Aufstieg der gesamten Gemeinde zweckmäßig gewesen wären." Ebenda, S. 70. – Nach BELSHAW muß sich der, der, weil unvermeidlich, zum Führer erhoben wurde, dauernd fragen: „Wie sieht mein Leben durch die neidischen Augen der Geführten aus?" „Ein Führer darf nicht zu auffallend erfolgreich sein, darf sich keine aufwendige Lebenshaltung gönnen, damit er nicht Eifersucht erweckt, die zum neidischen Schadenzauber (envious sorcery – eine Art Gegenmagie; Weber) gegen ihn führen könnte. Aus diesem Grunde setzt sich kein Führer offen über andere Leute. Er kann sein Prestige am besten vergrößern, wenn er seinen Wohlstand mit anderen teilt. Für jeden wirtschaftlichen Fortschritt, den er macht, soll er, Stück für Stück, den Lebensstandard seiner Umgebung erhöhen." C. S. BELSHAW, In Search of Wealth. In: American Anthropologist Memoir, Februar 1955, S. 80; zit. nach H. SCHOECK, a. a. O., S. 71.

[34] LARS CLAUSEN, Behauptung der Magie. In: Religion, Kultur und sozialer Wandel. Internationales Jahrbuch für Religionssoziologie, Bd. 5, 1969, S. 148.

[35] Ebenda, S. 142.

[36] HANS FREYER, Der Mensch in der gesellschaftlichen Ordnung. In: Zeitschrift für die gesamte Staatswissenschaft, 110 Bd., 1954, S. 2.

[37] Vgl. Lars Clausen, a. a. O., S. 146.

[38] Ebenda, S. 151f.

[39] Dieter Fertsch-Roever, Unternehmer – Prügelknaben der Nation. Ein Aufruf an den politischen Unternehmer, FAZ, Nr. 130 vom 8. Juni 1971, S. 20.

[40] Alfons Auer, Art. Magie, III, Moraltheologie. In: Lexikon für Theologie und Kirche, 2. Aufl., Bd. 6, Sp. 1278f.

[41] Otto B. Roegele, Diskussionsbeitrag zu Erwin K. Scheuch, Das Bild der Wirtschaft in nichtwirtschaftlichen Sendungen der Massenmedien. In: Wirtschaft und öffentliche Meinung, Veröffentlichungen der Walter-Raymond-Stiftung, Bd. 14, Köln 1972, S. 135ff.; hier S. 173.

[42] S. o. unter Exkurs, S. 14f.

[43] "Money that is lying 'idle', that is, money that is not exchanged for other goods, is not a part of capital; it produces no fruit. Money is part of the private capital of an individual only if and so far as it constitutes a means by which the individual in question can obtain other capital goods." Ludwig von Mises, The Theory of Money and Credit, New Haven (Yale Univ. Press) 1953, S. 90.

[44] Wicksell argumentiert: „Geld ist kein Bestandteil des eigentlichen Produktionsverfahrens; es ist, wie schon Aristoteles wußte, an sich ganz unfruchtbar; wer sich Geld gegen Zinsen leiht, der hat im allgemeinen nicht die Absicht, es zu behalten, sondern will es vielmehr bei der ersten passenden Gelegenheit gegen Waren und Dienstleistungen vertauschen, durch deren Verwendung zu produktiven Zwecken er hoffen kann, nicht nur ein Äquivalent für deren eigenen Preis zu erhalten, sondern außerdem einen Mehrwert zu erlangen, der gerade den realen Kapitalzins ausmacht und welchem die Darlehnszinsen, die er selber zahlen muß, mehr oder weniger entsprechen." Knut Wicksell, Vorlesungen über Nationalökonomie, 2. Aufl., Jena 1928, Bd. 2, Geld und Kredit, S. 217.

[45] „Pecunia ejus jam habet rationem capitalis." S. Antoninus, Summa Theologiae, P. II, tit. 1, cap. 7, § 15.

[46] „Et ut dicunt libentius venderent tales pannos tali pretio scilicet 45 vel 46 ad contantos, si omnes vel majorem partem sic possent vendere quam per 50 ad terminum, quia pecuniam tunc habitam cito reinvestirent (!) pluries in anno pannos faciendo." Ebenda, P. III, tit. 8, cap. 4, § 2. – Hier ist mir zum ersten Male der Ausdruck „(re)investieren" in der Literatur begegnet.

[47] Ludovicus de Molina, De justitia et jure, Genf 1733, Tr. II, d. 416, n. 8.

[48] John Maynard Keynes, Allgemeine Theorie der Beschäftigung, des Zinses und des Geldes (The General Theory of Employment, Interest and Money, London/New York 1936); deutsch Berlin 1952, S. 297. – Der letzte Satz des Zitats darf als eine Bestätigung dafür gelten, daß Keynes zwischen dem sogenannten Zinsverbot und forcierter wirtschaftlicher Aktivität nicht nur keinen Widerspruch entdecken konnte, sondern ein positives Entsprechungsverhältnis zu sehen glaubte. Er steht mit dieser Ansicht keineswegs isoliert da. Schon Werner Sombart trug keine Bedenken zu behaupten, „daß die Anschauungen der Scholastiker, vor allem natürlich des Spätmittelalters, über Reichtum und Erwerb, insbesondere auch ihre Ansichten über die Statthaftigkeit oder Unstatthaftigkeit des Zinsnehmens, für die Entfaltung des kapitalistischen Geistes nicht nur kein Hindernis bedeuten, daß sie vielmehr wesentlich zur Stärkung und Beförderung dieses Geistes beitragen mußten" (Der Bourgeois, München und Leipzig 1923, S. 314). Und weiter: „Sie (die Scholastiker; Weber) stehen dem Kapitalismus mit unendlich viel größerer Sympathie gegenüber als etwa im 17. Jahrhundert die zelotischen Verkünder des Puritanismus" (Ebenda, S. 315). „Und diese Sympathie ist offenbar einer der Gründe, weshalb sie mit solcher Zähigkeit an der kanonischen Wucherlehre festhielten. Das ‚Zinsverbot' besagt im Munde der katholischen Moralisten des 15. und 16. Jahrhunderts in fachtechnischer Terminologie: *Ihr sollt das Geld nicht verhindern, sich in Kapital zu verwandeln*" (Ebenda, S. 319). Raymond de Roover, der als einer der besten Kenner der einschlägigen Materie gelten kann, sieht die hohe Entwicklung des Bankwesens und der Bankaktivitäten in den von der Scholastik

am stärksten beeinflußten Ländern ebenfalls im Zusammenhang mit dem sogenannten kanonischen Zinsverbot (vgl. RAYMOND DE ROOVER, Scholastic Economics. Survival and lasting influence from the Sixteenth Century to Adam Smith; The Quarterly Journal of Economics, Bd. 69, 1955, S. 161ff. Ferner ders., L'Evolution de la Lettre de Change, XIVe–XVIIIe siècles, Paris 1953, passim).

49 „Et sic rusticum oporteret semper fore rusticum, et artificem semper artificem, et civem semper civem: et numquam posse emere sibi dominium aliquod. Quae sunt manifeste absurda." THOMAS DE VIO CAJETANUS, Comm. ad S. Th. II–II, qu. 118, art. 1.

50 Vgl. NIKOLAUS MONZEL, Nachwort zu WILHELM SCHWER, Stand und Ständeordnung im Weltbild des Mittelalters, 2. Aufl. mit Vor- und Nachwort hrsg. von NIKOLAUS MONZEL, Paderborn 1952, S. 96–99.

51 Vgl. FRIEDRICH ENGELS, Umrisse zu einer Kritik der Nationalökonomie. In: KARL MARX/ FRIEDRICH ENGELS, Kleine ökonomische Schriften, Berlin 1955, S. 15.

52 KARL MARX, Ökonomisch-philosophische Manuskripte / Zur Kritik der Nationalökonomie. In: KARL MARX/FRIEDRICH ENGELS, ebenda, S. 120.

53 Wie immer man sich zum marxistischen Interpretament des Verhältnisses von Unterbau und Überbau stellen mag, eines dürfte unbestritten sein. „Es muß ... in aller Nüchternheit gesehen werden, daß die Theologen der Kirche unter Druck standen. Die wirtschaftliche Praxis vor allem des Geldhandels war der Lehre voraus, ja stand der Lehre zunächst entgegen. Für die Beichtpraxis tauchten erhebliche Probleme auf ... Sie hatten sich zu entscheiden, ob sie in doktrinärem Beharren lediglich Standpunkte verteidigen wollten, um dabei die restlose Säkularisierung der Erwerbsgesellschaft zu riskieren, oder ob die entwickelte oder zu entwickelnde Lehre im Eingehen auf das bereits Geschehene und ständig Geübte weiter eine sittlich ordnende Kraft bleiben sollte. Die meisten Theologen dieser Epoche gingen diesen zweiten Weg, einen Weg, der wohl unter dem Druck der Verhältnisse stand, aber nicht zu erpreßten Falschaussagen um der Anpassung willen führte, sondern zu reiferen und tieferen Aussagen über das Verständnis christlicher Erwerbslehre." WALTER FRIEDBERGER, Der Reichtumserwerb im Urteil des Hl. Thomas von Aquin und der Theologen im Zeitalter des Frühkapitalismus, Passau 1967, S. 220.

54 ADAM MÜLLER, Elemente der Staatskunst, Berlin 1809, hrsg. von J. BAXA, 1922, I, S. 298f.

55 OTHMAR SPANN, Die Haupttheorien der Volkswirtschaftslehre, 26. Aufl. Heidelberg 1949, S. 103.

56 Ebenda, S. 105.

57 HANS WOLFRAM GERHARD, a. a. O., S. 119.

58 Ebenda, S. 116.

59 Ebenda, S. 115.

60 Ebenda, S. 96.

61 WERNER HOFMANN, Ideengeschichte der sozialen Bewegung des 19. und 20. Jahrhunderts, Göschen Bd. 1205/1205a, 2. Aufl. 1968, S. 38.

62 PROUDHON war der Sohn eines durch Hypotheken ruinierten Kleinbauern, was für das Verständnis seiner Ideen nicht unbedeutend sein mag. „Wer weiß", so hat er sich einmal geäußert, „wenn es eine gute Bodenkrediteinrichtung gegeben hätte, wäre ich vielleicht mein ganzes Leben hindurch Bauer und Konservativer geblieben." Zit. nach WERNER HOFMANN, a. a. O., S. 59.

63 GEORG SIMMEL, Philosophie des Geldes, 6. Aufl. Berlin 1958, S. 387–479; s. S. 400: „innere Inadäquatheit des Geldes".

64 FRIEDRICH BEUTTER, Zur ethischen Dimension des Geldes. In: Acta Monetaria. Jahrbuch für Geldordnung und Geldethik (Hrsg. GERHARD MERK), Bd. 1, 1977, S. 11–30; hier S. 23.

65 GEORG SIMMEL, a. a. O,. S. 413.

66 Ebenda, S. 413f.

67 Vgl. dazu FRIEDRICH BEUTTER, a. a. O., S. 25ff.

68 KARL MARX, Die Frühschriften, hrsg. von SIEGFRIED LANDSHUT, 6. Aufl. Stuttgart 1971 (Kröners Taschenausgabe 209), S. 259.

[69] Ebenda, S. 260.

[70] Ebenda, S. 301.

[71] „In der Situation eines administrativ zu verteilenden Überflusses verliert ... das Geld, das stets an die Versorgungssituation einer Knappheit an Waren gebunden ist, seine elementare Funktion." ANTON BURGHARDT, a. a. O., S. 23. – Vgl. zum Knappheitsproblem NIKLAS LUHMANN, Knappheit, Geld und die bürgerliche Gesellschaft. In: Jahrbuch für Sozialwissenschaft 23, 1972, S. 186–210.

[72] Vgl. zum Folgenden vor allem ANDRÉ AMAR, Psychoanalytischer Versuch über das Geld. In: ERNEST BORNEMANN, a. a. O., S. 387–402.

[73] Ebenda, S. 393.

[74] Vgl. hierzu auch HANS CHRISTOPH BINSWANGER u. a. (Hrsg.), a. a. O., S. 29ff.

[75] Ebenda, S. 32.

[76] ANDRÉ AMAR, a a. O., S. 394.

[77] Ebenda, S. 397.

[78] „Und tatsächlich, in dem Maße, wie der Kapitalismus sich entwickelt, sieht man eine immer größer werdende Zahl von Aktivitäten entstehen und sich ausweiten, deren Ziel es ist, mit den Wertdifferenzen zu jonglieren, unter Abstrahierung der substantiellen Realität der ausgetauschten Produkte. Dies ist das Gewerbe der Wechselkurse und Maklergeschäfte, die keine effektiven Neuschöpfungen beinhalten. Die Besucher des Finanzmarktes kennen den Ausdruck ‚Differenzen machen', der für sich schon eine ganze Entwicklung resümiert." Ebenda, S. 399.

[79] Ebenda, S. 400.

[80] Dazu NORMAN O. BROWN: „Es gibt etwas in der menschlichen Psyche, das den Menschen zur Unlust, zur Arbeit (*negotium*, Nichtmüßiggang) treibt ... Etwas in der Struktur des ‚Tieres Mensch' zwingt es, Überfluß zu produzieren, aber offenbar bleibt dieser Zwang nur so lange wirksam, als das menschliche Tier nicht zwischen Notwendigem und Überflüssigem zu unterscheiden vermag. Die Verwechslung des Überflüssigen mit dem Notwendigen ist ein ergänzender Faktor des Geldkomplexes und des Zwanges zu arbeiten. Diese Verwechslung und Verwirrung beherrscht auch alles vage Gerede von der ‚wirtschaftlichen Notwendigkeit'. Wirklich notwendig ist die Sorge für die Nahrung. Wir dürfen deshalb sagen, daß es das Wesen des Geldkomplexes ausmacht, dem, was nicht Nahrung ist, den Charakter von Nahrung beizulegen; in Freuds bündiger Formel: Exkrement wird Aliment." Zukunft im Zeichen des Eros (engl. Life against Death, 1959), Pfullingen 1962, S. 318–319; zit. bei ERNEST BORNEMANN, Der Midaskomplex, a. a. O., S. 421–458; hier S. 425.

[81] ERNEST BORNEMANN, a. a. O., S. 426.

[82] Vgl. hierzu das, was in anderem Zusammenhang zu PAUL TILLICHS Natur des „Dämonischen" gesagt worden ist. S. o. S. 17.

[83] Zit. nach ERNEST BORNEMANN, a. a. O., S. 421. – Hier sehe ich eine gewisse Verbindung zu NIKLAS LUHMANNS Überlegungen zu den „selbstsubstitutiven Ordnungen". S. o. S. 8.

[84] Vgl. MICHAEL SCHNEIDER, Neurose und Klassenkampf, Reinbek bei Hamburg 1973.

[85] Vgl. hierzu das an anderer Stelle (o. S. 29) beschriebene Motivationsmodell der Homöostase und die Begründung der Unanwendbarkeit des Grenznutzentheorems beim Geld.

[86] ERNEST BORNEMANN, Der Midaskomplex, a. a. O., S. 446f.

[87] MICHAEL SCHNEIDER, a. a. O., S. 174.

[88] Vgl. zum Ganzen HANS CHRISTOPH BINSWANGER u. a. (Hrsg.), a. a. O., bes. S. 35ff.

[89] Die Haushaltsgrößenklassen haben sich in der Bundesrepublik Deutschland zwischen 1950 und 1977 entsprechend der nachstehenden Tabelle entwickelt.

Quelle: Statistisches Jahrbuch 1978 für die Bundesrepublik Deutschland, Stuttgart 1978, S. 64 (Tab. 3.13). – Prozentzahlen nach eig. Berechnungen.

	Privat-Haushalte (in Tsd.) Davon mit ... Personen					
	Insges.	1	2	3	4	5 u. mehr
(1) Sept. 1950	16 650	3229	4902	3833	2692	2687
(2) April 1977	24 165	7062	6829	4371	3540	2363
(2): (1) in v. H.; abgerundet	+45	+119	+39	+14	+32	·/. 12
		+71 (1 u. 2 zusammen)				

Aus der Tabelle ist unmittelbar ersichtlich: Gegenüber dem Anstieg der Zahl aller Privat-Haushalte (+45 v. H.) stieg die Zahl der Eine-Person-Haushalte stark überdurchschnittlich (+119 v. H.), die der Zwei-Personen-Haushalte leicht unterdurchschnittlich (+39 v. H.), beide zusammen aber immer noch stark überdurchschnittlich (+71 v. H.), die der Drei- und Vier-Personen-Haushalte unterdurchschnittlich (+14 bzw. +32 v. H.) und die der Haushalte mit 5 und mehr Personen nimmt stark ab (·/. 12 v. H.).

90 Christoph Binswanger u. a. (Hrsg.), a. a. O., S. 36.

91 Ebenda, S. 246.

92 Ebenda, S. 242.

93 Dies hat eine frappierende Parallele in den Staatshandelsländern des Ostblocks, wo – neben dem Kompensationsgeschäft – der Außenhandel mit den Freihandelsländern des Westens nur über Gold und/oder Devisen abgewickelt werden kann, weil die innere Wertlosigkeit des eigenen Geldes der Staatshandelsländer dieses zu Bezugsscheinen (Bons) für den – oft sehr unzureichenden – inneren Warenverkehr degradiert. „Wirkliches, konvertibles Geld, das seinen festgesetzten (wenn auch manchmal veränderlichen) internationalen Wert besitzt, ist die Quelle und das Instrument wirtschaftlicher Energien ... Dagegen regelt das vorgetäuschte, fiktive Geld, das wir im Osten haben und das ein Bon für den inneren Konsum ist, gar nichts." Stefan Kisielewski, Polen – oder die Herrschaft der Dilettanten. Sozialismus und Wirtschaftspraxis, Zürich 1978, S. 54.

94 „Der Handel steht bei ihnen (den „Sonnenstaatlern"; Weber) nur in geringem Ansehen. Sie kennen jedoch den Wert des Geldes und prägen Münzen für die Kundschafter und Gesandten, damit diese ihren Lebensunterhalt mit Geld bestreiten können. – Kaufleute aus den verschiedenen Weltgegenden kommen in ihre Stadt, um die überschüssigen Güter des Staates zu kaufen. Die Sonnenstaatler aber weigern sich, Geld anzunehmen; vielmehr tauschen sie die Waren, die sie selbst brauchen, ein, und oft kaufen sie sie auch für Geld." Tommaso Campanella, Sonnenstaat. In: Klaus J. Heinisch, a. a. O., S. 113–169; hier S. 144.

95 Vgl. dazu S. 24ff.

96 Vgl. hierzu Anton Burghardt, a. a. O., S. 22f.

97 Ebenda, S. 23.

98 Ebenda.

99 Ernest Bornemann, Der Midaskomplex, a. a. O., S. 458.

100 Hans Christoph Binswanger u. a. (Hrsg.), a. a. O., Vorwort.

101 Ebenda.

102 Ebenda, S. 242ff.

103 Ebenda, S. 222ff.

104 Ebenda, S. 243.

105 Ebenda, S. 253.

106 Vgl. dazu Bernhard Laum, Über die soziale Funktion der Münze. In: Finanzarchiv, Neue Folge, 1951/52, S. 120ff.

107 Thomas von Aquin, De regimine principum ad regem Cypri II, 13.

Zusammenfassung der Diskussion

In der sich an den Vortrag anschließenden lebhaften Diskussion zeigte sich eine gewisse Überraschung, ja fast so etwas wie Betroffenheit über die in der Geschichte und in sehr unterschiedlichen Kulturkreisen aufgewiesene durchgängig negative Einstellung zum Geld. Demgegenüber wurde versucht, auch positive Einstellungen herauszuarbeiten. Dies bot dem Referenten Gelegenheit, etwas näher und eingehender zu präzisieren, was im – gegenüber dem zugrundeliegenden ausführlicheren Manuskript verkürzten – Vortrag vielleicht etwas zu knapp und aphoristisch geraten war: Geld wird überwiegend, aber nicht völlig undifferenziert, sondern vor allem in seinen entwickeltsten Funktionen, speziell in seiner Funktion als „Kapital", mit Skepsis, Zurückhaltung und teilweise mit Verachtung betrachtet. Als notwendiges Tauschmittel in der arbeitsteiligen Gesellschaft wird es im allgemeinen akzeptiert und auch positiv gewürdigt.

Es wurde eingewandt, Geldverachtung sei – bis ins späte siebzehnte Jahrhundert hinein – eine moralisierende Attitüde der Oberschicht gewesen, die fast allein über Geld verfügte und es zudem nicht nötig hatte, sich mit ihrer Hände Arbeit Geld zu verdienen. Dies würde allerdings nur dann etwas hergeben, wenn aus der Tatsache, daß sich vor dem achtzehnten Jahrhundert nur die Oberschicht öffentlich zu artikulieren vermochte, geschlossen werden müßte, nur bei ihr sei Geldverachtung soziologisch angesiedelt gewesen. Für den christlichen Raum könnte die stete Warnung vor dem Mammon, für den außerchristlichen Raum könnten populäre Ausdrücke wie „Kot der Hölle", „battere il culo sul lastrone" (als symbolische Untermalung des Offenbarungseides eines Bankrotteurs in Neapel und an anderen Orten Europas) usw. ein Indiz sein, daß die Verachtung auch im Volke ihren Ort hatte. Eine gewisse Inkonsistenz des Verhaltens scheint darin zu liegen und einer möglichen Irritation Vorschub leisten zu können, daß das Streben nach Geld und die Einsicht in seine Unverzichtbarkeit mit seiner Verachtung einhergehen, was aber darin eine Erklärung finden könnte, daß der Mensch sich in seinem alltäglichen Leben in verschiedenen Referenzsystemen bewegen muß, denen er eine unterschiedliche Wertigkeit zuordnet.

Mehrere Diskussionsbeiträge hoben darauf ab, daß nicht mehr vorstellbar sei, wie der Geldmechanismus heute ausgeschaltet werden könnte oder wie eine hochkomplizierte Koordination unterschiedlich bewerteter und zudem oft zeitverschobener Ansprüche und Leistungen ohne Geld erreichbar sein sollte. Außerdem sei die Typik der Kritik nicht auf das Geld und die allgemeine Geldorientierung beschränkt, sondern betreffe alle Funktionsbereiche, die die Fähigkeit der Selbstkontrolle oder des Sich-selbst-bremsen-Könnens (Beispiele: die Produktion immer neuer pädagogischer Konzepte, Gesetze und Verwaltungsvorschriften) verloren hätten.

Nun kann es in der Tat nicht um die Abschaffung des Geldes schlechthin gehen. Die Hinweise auf die utopischen Staatsromane oder auf die mißlungenen Versuche der Frühsozialisten des neunzehnten Jahrhunderts, eine geldfreie Gesellschaft zu etablieren, waren im Vortrag keineswegs als nachahmenswerte Empfehlung gedacht, sondern als historische Belege für die These von der allgemeinen Geldkritik.

Hiermit zusammenhängend wurde gefragt, ob eine Teil-„Entmonetarisierung" der Gesellschaft, wie sie von der Schweizer NAWU-Forschungsgruppe (vgl. o. S. 37f.) für den Bereich der humanen Dienstleistungen vorgeschlagen wird, nicht dazu führen könne, daß der einzelne viel belastendere, weil unmittelbarere soziale Verpflichtungen auf sich nehmen müsse, als es die Möglichkeit darstelle, diese Dienstleistungen gegen Entgelt über den Markt zu bekommen. Nun fragt die Schweizer Forschungsgruppe in der Tat nicht nach der möglicherweise größeren psychischen Belastung, die unmittelbare, personnähere Hilfe mit sich bringen kann. Sie geht vielmehr von dem auch empirisch immer besser erhärtbaren Faktum aus, daß unsere marktwirtschaftlich und nicht-marktwirtschaftlich, sondern öffentlich-rechtlich organisierten Sozialapparaturen im Bereich der humanen Dienstleistungen ceteris paribus immer teurer und unbezahlbarer werden. Darüber hinaus, aber das betrifft wieder einen anderen Bezugsrahmen, wäre zu fragen, wie ökonomische Entlastungen im Bereich der humanen Gegenseitigkeitshilfe, die primär der persönlichen Bequemlichkeit entgegenkommen, ethisch zu bewerten sind.

Der durchgängig negativen Einstellung dem Geld gegenüber scheint, so der Einwand eines Diskussionsbeitrages, die Hochschätzung des Geldes in seiner metallischen Form im Merkantilismus zu widersprechen. Nun bewegt sich diese Wertschätzung allerdings in einem etwas anderen Rahmen als die im Vortrag dargestellte Kritik am Geld und der allgemeinen Geldorientierung. Der Referenzrahmen des Merkantilismus war primär die Politik im Sinne einer Mehrung der Macht des neuzeitlichen Nationalstaates und, in deren Dienst, die Ökonomie, während der Bezugsrahmen der Kritik an der Geldorientierung im Vortrag primär ethischer, religiöser und später – angereichert durch die Psychologie und die Psychoanalyse – ganz allgemein anthropologischer Natur ist.

Zustimmung und Skepsis gegenüber der bohrenden Kritik in Geschichte und Gegenwart quer durch die verschiedensten Kulturen an der Geldorientierung des Menschen blieben bis zum Schluß der Diskussion in der Schwebe. Haupteinwand blieb die Unvorstellbarkeit einer Gesellschaft ohne den Geldbegriff und ohne eine voll ausgebildete Geldfunktion, wie wir sie heute kennen.

Dies alles kann im wesentlichen unbestritten bleiben. Dennoch wird man nicht desinteressiert an der Tatsache vorübergehen können (weil sie immer wieder öffentliche Relevanz bekommen kann), daß religiöse, ethische und andere anthropologische Fakten innerhalb der Gesellschaft mindestens als ebenso ernst und handfest anzunehmen sind, wie wissenschaftlich-theoretische Erörterungen, die sich Mühe geben, eventuell die „Falschheit" oder Inadäquanz solcher Vorstellungen nachzuweisen. Man wird, und das war eines der Anliegen des Vortrages, weiterhin damit zu rechnen haben, daß immer wieder Skepsis, Angst und Ablehnung dem Gelde gegenüber aufkommen, und daß wir diese auch wohl nicht ganz werden abbauen können. Man kann versuchen, das durch Argumentationen zu relativieren, aber man wird, davon bin ich überzeugt, ethische, religiöse und andere anthropologische Gegebenheiten vielleicht in Zukunft etwas ernster veranschlagen müssen, als das unter der Dominanz eines bestimmten und verengten Wissenschaftsbegriffes in der Vergangenheit manchmal geschehen ist.

Gefragt wurde, da der Referent Theologe ist, nach dem theologischen Hintergrund (locus theologicus) des Vortrages. Ohne auf die mit dieser Frage verbundenen höchst komplizierten theologieimmanenten Legitimationsprobleme im knappen zeitlichen Rahmen einer Diskussionsstunde näher eingehen zu können, konnte – sozusagen als argumentum ad hominem – auf die Tatsache verwiesen werden, daß ethische Erörterungen, Geld, Zins, Wucher, Reichtum u. ä. betreffend, seit den Zeiten der Bibel, über die Kirchenväter und Kirchenlehrer bis hinauf in die Zeit der Spätscholastik, bevorzugte Gegenstände kirchlicher Unterweisung waren und es heute – unter allerdings gewandelten Verhältnissen – noch sind, weil sie den Menschen nach wie vor existenziell betreffen und, fördernd oder hemmend, heilsrelevant im religiöstheologischen Sinne werden können. Der locus theologicus solcher Erörterungen ist in der evangelischen Theologie die Sozialethik, in der katholischen Theologie die kirchliche Sozialverkündigung (päpstliches und bischöfliches Lehramt) und, als deren theologische Reflexion, die Christliche Sozialwissenschaft als theologische Disziplin.

Veröffentlichungen der Arbeitsgemeinschaft für Forschung des Landes Nordrhein-Westfalen, jetzt: Rheinisch-Westfälische Akademie der Wissenschaften

Neuerscheinungen 1970 bis 1979

GEISTESWISSENSCHAFTEN

Vorträge G Heft Nr.		
164	*Arno Esch, Bonn*	James Joyce und sein *Ulysses*
165	*Edward J. M. Kroker, Königstein*	Die Strafe im chinesischen Recht
166	*Max Braubach, Bonn*	Beethovens Abschied von Bonn
167	*Erich Dinkler, Heidelberg*	Der Einzug in Jerusalem. Ikonographische Untersuchungen im Anschluß an ein bisher unbekanntes Sarkophagfragment Mit einem epigraphischen Beitrag von Hugo Brandenburg
168	*Gustaf Wingren, Lund*	Martin Luther in zwei Funktionen
169	*Herbert von Einem, Bonn*	Das Programm der Stanza della Segnatura im Vatikan
170	*Hans-Georg Gadamer, Heidelberg*	Die Begriffsgeschichte und die Sprache der Philosophie
171	*Theodor Kraus, Köln*	Die Gemeinde und ihr Territorium – Fünf Gemeinden der Niederrheinlande in geographischer Sicht
172	*Ernst Langlotz, Bonn*	Der architekturgeschichtliche Ursprung der christlichen Basilika
173	*Hermann Conrad, Bonn*	Staatsgedanke und Staatspraxis des aufgeklärten Absolutismus Jahresfeier am 19. Mai 1971
174	*Tilemann Grimm, Bochum*	Chinas Traditionen im Umbruch der Zeit
175	*Hans Erich Stier, Münster*	Der Untergang der klassischen Demokratie
176	*Heinz-Dietrich Wendland, Münster*	Die Krisis der Volkskirche – Zerfall oder Gestaltwandel?
177	*Gerhard Kegel, Köln*	Zur Schenkung von Todes wegen
178	*Theodor Schieder, Köln*	Hermann Rauschnings „Gespräche mit Hitler" als Geschichtsquelle
179	*Friedrich Nowakowski, Innsbruck*	Probleme der österreichischen Strafrechtsreform
180	*Karl Gustav Fellerer, Köln*	Der Stilwandel in der abendländischen Musik um 1600
181	*Georg Kauffmann, Münster*	Michelangelo und das Problem der Säkularisation
182	*Harry Westermann, Münster*	Freiheit des Unternehmers und des Grundeigentümers und ihre Pflichtenbindungen im öffentlichen Interesse nach dem Referentenentwurf eines Bundesberggesetzes
183	*Ernst-Wolfgang Böckenförde, Bielefeld*	Die verfassungstheoretische Unterscheidung von Staat und Gesellschaft als Bedingung der individuellen Freiheit
184	*Kurt Bittel, Berlin*	Archäologische Forschungsprobleme zur Frühgeschichte Kleinasiens
185	*Paul Egon Hübinger, Bonn*	Die letzten Worte Papst Gregors VII.
186	*Günter Kahle, Köln*	Das Kaukasusprojekt der Alliierten vom Jahre 1940
187	*Hans Erich Stier, Münster*	Welteroberung und Weltfriede im Wirken Alexanders d. Gr.
188	*Jacques Droz, Paris*	Einfluß der deutschen Sozialdemokratie auf den französischen Sozialismus (1871–1914)
189	*Eleanor v. Erdberg-Consten, Aachen*	Die Architektur Taiwans Ein Beitrag zur Geschichte der chinesischen Baukunst
190	*Herbert von Einem, Bonn*	Die Medicimadonna Michelangelos
191	*Ulrich Scheuner, Bonn*	Das Mehrheitsprinzip in der Demokratie
192	*Theodor Schieder, Köln*	Probleme einer europäischen Geschichte Jahresfeier am 30. Mai 1973
193	*Erich Otremba, Köln*	Die „Kanalstadt". Der Siedlungsraum beiderseits des Ärmelkanals in raumdynamischer Betrachtung
194	*Max Wehrli, Zürich*	Wolframs ‚Titurel'
195	*Heinrich Dörrie, Münster*	Pygmalion – Ein Impuls Ovids und seine Wirkungen bis in die Gegenwart
196	*Jan Hendrik Waszink, Leiden*	Biene und Honig als Symbol des Dichters und der Dichtung in der griechisch-römischen Antike
197	*Henry Chadwick, Oxford*	Betrachtungen über das Gewissen in der griechischen, jüdischen und christlichen Tradition

198	*Ernst Benda, Karlsruhe*	Gefährdungen der Menschenwürde
199	*Herbert von Einem, Bonn*	‚Die Folgen des Krieges'. Ein Alterswerk von Peter Paul Rubens
200	*Hansjakob Seiler, Köln*	Das linguistische Universalienproblem in neuer Sicht
201	*Werner Flume, Bonn*	Gewohnheitsrecht und römisches Recht
202	*Rudolf Morsey, Speyer*	Zur Entstehung, Authentizität und Kritik von Brünings „Memoiren 1918–1934“
203	*Stephan Skalweit, Bonn*	Der „moderne Staat“. Ein historischer Begriff und seine Problematik
204	*Ludwig Landgrebe, Köln*	Der Streit um die philosophischen Grundlagen der Gesellschaftstheorie
205	*Elmar Edel, Bonn*	Ägyptische Ärzte und ägyptische Medizin am hethitischen Königshof Neue Funde von Keilschriftbriefen Ramses' II. aus Bogazköy
206	*Eduard Hegel, Bonn*	Die katholische Kirche Deutschlands unter dem Einfluß der Aufklärung des 18. Jahrhunderts
207	*Friedrich Ohly, Münster*	Der Verfluchte und der Erwählte. Vom Leben mit der Schuld
208	*Siegfried Herrmann, Bochum*	Ursprung und Funktion der Prophetie im alten Israel
209	*Theodor Schieffer, Köln*	Krisenpunkte des Hochmittelalters Jahresfeier am 7. Mai 1975
210	*Ulrich Scheuner, Bonn*	Die Vereinten Nationen als Faktor der internationalen Politik
211	*Heinrich Dörrie, Münster*	Von Platon zum Platonismus Ein Bruch in der Überlieferung und seine Überwindung
212	*Karl Gustav Fellerer, Köln*	Der Akademismus in der deutschen Musik des 19. Jahrhunderts
213	*Hans Kauffmann, Bonn*	Probleme griechischer Säulen
214	*Ivan Dujčev, Sofia*	Heidnische Philosophen und Schriftsteller in der alten bulgarischen Wandmalerei
215	*Bruno Lewin, Bochum*	Der koreanische Anteil am Werden Japans
216	*Tilemann Grimm, Tübingen*	Meister Kung Zur Geschichte der Wirkungen des Konfuzius
217	*Harald Weinrich, Bielefeld*	Für eine Grammatik mit Augen und Ohren, Händen und Füßen – am Beispiel der Präpositionen
218	*Roman Jakobson, Cambridge, Mass.*	Der grammatische Aufbau der Kindersprache
219	*Jan Öberg, Stockholm*	Das Urkundenmaterial Skandinaviens Bestände, Editionsvorhaben, Erforschung
220	*Werner Beierwaltes, Freiburg i. Br.*	Identität und Differenz. Zum Prinzip cusanischen Denkens
221	*Walter Hinck, Köln*	Vom Ausgang der Komödie. Exemplarische Lustspielschlüsse in der europäischen Literatur
222	*Heinz Hürten, Freiburg i. Br.*	Reichswehr und Ausnahmezustand. Ein Beitrag zur Verfassungsproblematik der Weimarer Republik in ihrem ersten Jahrfünft
223	*Bernhard Kötting, Münster*	Religionsfreiheit und Toleranz im Altertum Jahresfeier am 18. Mai 1977
224	*Karl J. Narr, Münster*	Zeitmaße in der Urgeschichte
225	*Karl Ed. Rothschuh, Münster*	Iatromagie: Begriff, Merkmale, Motive, Systematik
226	*Samuel R. Spencer, Jr., Davidson, North Carolina*	Die amerikanische Stimmung im Jahr des Janus
227	*Paul Mikat, Düsseldorf*	Dotierte Ehe – rechte Ehe. Zur Entwicklung des Eheschließungsrechts in fränkischer Zeit
228	*Herbert Franke, München*	Nordchina am Vorabend der mongolischen Eroberungen: Wirtschaft und Gesellschaft unter der Chin-Dynastie (1115–1234)
229	*András Mócsy, Budapest*	Zur Entstehung und Eigenart der Nordgrenzen Roms
230	*Heinrich Dörrie, Münster*	Sinn und Funktion des Mythos in der griechischen und der römischen Dichtung
231	*Jean Bingen, Brüssel*	Le Papyrus Revenue Laws – Tradition grecque et Adaptation hellénistique
232	*Niklas Luhmann, Bielefeld*	Organisation und Entscheidung
233	*Louis Reekmans, Leuven*	Die Situation der Katakombenforschung in Rom
234	*Josef Pieper, Münster*	Was heißt Interpretation?
235	*Walther Heissig, Bonn*	Die Zeit des letzten mongolischen Großkhans Ligdan (1604–1634)
236	*Alf Önnerfors, Köln*	Die Verfasserschaft des Waltharius-Epos aus sprachlicher Sicht
238	*Günther Stökl, Köln*	Osteuropa – Geschichte und Politik Jahresfeier am 23. Mai 1979
239	*Wilhelm Weber, Münster*	Geld, Glaube, Gesellschaft

ABHANDLUNGEN

Band Nr.		
30	*Walther Hubatsch, Bonn, Bernhard Stasiewski, Bonn, Reinhard Wittram, Göttingen, Ludwig Petry, Mainz, und Erich Keyser, Marburg (Lahn)*	Deutsche Universitäten und Hochschulen im Osten
31	*Anton Moortgat, Berlin*	Tell Chuēra in Nordost-Syrien. Bericht über die vierte Grabungskampagne 1963
32	*Albrecht Dihle, Köln*	Umstrittene Daten. Untersuchungen zum Auftreten der Griechen am Roten Meer
33	*Heinrich Behnke und Klaus Kopfermann (Hrsg.), Münster*	Festschrift zur Gedächtnisfeier für Karl Weierstraß 1815–1965
34	*Joh. Leo Weisgerber, Bonn*	Die Namen der Ubier
35	*Otto Sandrock, Bonn*	Zur ergänzenden Vertragsauslegung im materiellen und internationalen Schuldvertragsrecht. Methodologische Untersuchungen zur Rechtsquellenlehre im Schuldvertragsrecht
36	*Iselin Gundermann, Bonn*	Untersuchungen zum Gebetbüchlein der Herzogin Dorothea von Preußen
37	*Ulrich Eisenhardt, Bonn*	Die weltliche Gerichtsbarkeit der Offizialate in Köln, Bonn und Werl im 18. Jahrhundert
38	*Max Braubach, Bonn*	Bonner Professoren und Studenten in den Revolutionsjahren 1848/49
39	*Henning Bock (Bearb.), Berlin*	Adolf von Hildebrand Gesammelte Schriften zur Kunst
40	*Geo Widengren, Uppsala*	Der Feudalismus im alten Iran
41	*Albrecht Dihle, Köln*	Homer-Probleme
42	*Frank Reuter, Erlangen*	Funkmeß. Die Entwicklung und der Einsatz des RADAR-Verfahrens in Deutschland bis zum Ende des Zweiten Weltkrieges
43	*Otto Eißfeldt, Halle, und Karl Heinrich Rengstorf (Hrsg.), Münster*	Briefwechsel zwischen Franz Delitzsch und Wolf Wilhelm Graf Baudissin 1866–1890
44	*Reiner Haussherr, Bonn*	Michelangelos Kruzifixus für Vittoria Colonna. Bemerkungen zu Ikonographie und theologischer Deutung
45	*Gerd Kleinheyer, Regensburg*	Zur Rechtsgestalt von Akkusationsprozeß und peinlicher Frage im frühen 17. Jahrhundert. Ein Regensburger Anklageprozeß vor dem Reichshofrat. Anhang: Der Statt Regenspurg Peinliche Gerichtsordnung
46	*Heinrich Lausberg, Münster*	Das Sonett *Les Grenades* von Paul Valéry
47	*Jochen Schröder, Bonn*	Internationale Zuständigkeit. Entwurf eines Systems von Zuständigkeitsinteressen im zwischenstaatlichen Privatverfahrensrecht aufgrund rechtshistorischer, rechtsvergleichender und rechtspolitischer Betrachtungen
48	*Günther Stökl, Köln*	Testament und Siegel Ivans IV.
49	*Michael Weiers, Bonn*	Die Sprache der Moghol der Provinz Herat in Afghanistan
50	*Walther Heissig (Hrsg.), Bonn*	Schriftliche Quellen in Moǧolī. 1. Teil: Texte in Faksimile
51	*Thea Buyken, Köln*	Die Constitutionen von Melfi und das Jus Francorum
52	*Jörg-Ulrich Fechner, Bochum*	Erfahrene und erfundene Landschaft. Aurelio de'Giorgi Bertòlas Deutschlandbild und die Begründung der Rheinromantik
53	*Johann Schwartzkopff (Red.), Bochum*	Symposium ‚Mechanoreception'
54	*Richard Glasser, Neustadt a. d. Weinstr.*	Über den Begriff des Oberflächlichen in der Romania
55	*Elmar Edel, Bonn*	Die Felsgräbernekropole der Qubbet el Hawa bei Assuan. II. Abteilung. Die althieratischen Topfaufschriften aus den Grabungsjahren 1972 und 1973
56	*Harald von Petrikovits, Bonn*	Die Innenbauten römischer Legionslager während der Prinzipatszeit

57	*Harm P. Westermann u. a., Bielefeld*	Einstufige Juristenausbildung. Kolloquium über die Entwicklung und Erprobung des Modells im Land Nordrhein-Westfalen
58	*Herbert Hesmer, Bonn*	Leben und Werk von Dietrich Brandis (1824–1907) – Begründer der tropischen Forstwirtschaft. Förderer der forstlichen Entwicklung in den USA. Botaniker und Ökologe
59	*Michael Weiers, Bonn*	Schriftliche Quellen in Moġolī, 2. Teil: Bearbeitung der Texte
60	*Reiner Haussherr, Bonn*	Rembrandts Jacobssegen Überlegungen zur Deutung des Gemäldes in der Kasseler Galerie
61	*Heinrich Lausberg, Münster*	Der Hymnus ›Ave maris stella‹
62	*Michael Weiers, Bonn*	Schriftliche Quellen in Moġolī, 3. Teil: Poesie der Mogholen
63	*Werner H. Hauss (Hrsg.), Münster, Robert W. Wissler, Chicago, Rolf Lehmann, Münster*	International Symposium 'State of Prevention and Therapy in Human Arteriosclerosis and in Animal Models'
64	*Heinrich Lausberg, Münster*	Der Hymnus ›Veni Creator Spiritus‹

Sonderreihe

PAPYROLOGICA COLONIENSIA

Vol. I *Aloys Kehl, Köln*	Der Psalmenkommentar von Tura, Quaternio IX (Pap. Colon. Theol. 1)
Vol. II *Erich Lüddeckens, Würzburg, P. Angelicus Kropp O. P., Klausen, Alfred Hermann und Manfred Weber, Köln*	Demotische und Koptische Texte
Vol. III *Stephanie West, Oxford*	The Ptolemaic Papyri of Homer
Vol. IV *Ursula Hagedorn und Dieter Hagedorn, Köln, Louise C. Youtie und Herbert C. Youtie, Ann Arbor*	Das Archiv des Petaus (P. Petaus)
Vol. V *Angelo Geißen, Köln*	Katalog Alexandrinischer Kaisermünzen der Sammlung des Instituts für Altertumskunde der Universität zu Köln Band 1: Augustus-Trajan (Nr. 1–740) Band 2: Hadrian-Antoninus Pius (Nr. 741–1994)
Vol. VI *J. David Thomas, Durham*	The epistrategos in Ptolemaic and Roman Egypt Part 1: The Ptolemaic epistrategos
Vol. VII	Kölner Papyri (P. Köln)
Bärbel Kramer und Robert Hübner (Bearb.), Köln	Band 1
Bärbel Kramer und Dieter Hagedorn (Bearb.), Köln	Band 2
Vol. VIII *Sayed Omar, Kairo*	Das Archiv des Soterichos (P. Soterichos)

SONDERVERÖFFENTLICHUNGEN

Der Minister für Wissenschaft und Forschung des Landes Nordrhein-Westfalen	Jahrbuch 1963, 1964, 1965, 1966, 1967, 1968, 1969, 1970 und 1971/72 des Landesamtes für Forschung

Verzeichnisse sämtlicher Veröffentlichungen der Arbeitsgemeinschaft für Forschung des Landes Nordrhein-Westfalen, jetzt: Rheinisch-Westfälische Akademie der Wissenschaften, können beim Westdeutschen Verlag GmbH, Postfach 300 620, 5090 Leverkusen 3 (Opladen), angefordert werden